essentials

essentials liefern aktuelles Wissen in konzentrierter Form. Die Essenz dessen, worauf es als „State-of-the-Art" in der gegenwärtigen Fachdiskussion oder in der Praxis ankommt. *essentials* informieren schnell, unkompliziert und verständlich

- als Einführung in ein aktuelles Thema aus Ihrem Fachgebiet
- als Einstieg in ein für Sie noch unbekanntes Themenfeld
- als Einblick, um zum Thema mitreden zu können

Die Bücher in elektronischer und gedruckter Form bringen das Expertenwissen von Springer-Fachautoren kompakt zur Darstellung. Sie sind besonders für die Nutzung als eBook auf Tablet-PCs, eBook-Readern und Smartphones geeignet. *essentials:* Wissensbausteine aus den Wirtschafts-, Sozial- und Geisteswissenschaften, aus Technik und Naturwissenschaften sowie aus Medizin, Psychologie und Gesundheitsberufen. Von renommierten Autoren aller Springer-Verlagsmarken.

Weitere Bände in der Reihe http://www.springer.com/series/13088

Helmut Ebert · Edith Münch

Sprache als Instrument der Change- und Innovations- kommunikation

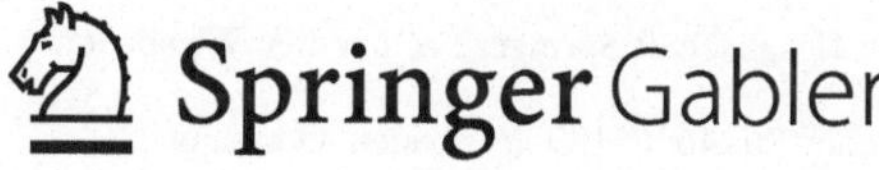

Helmut Ebert
Bonn, Deutschland

Edith Münch
Bonn, Deutschland

ISSN 2197-6708 ISSN 2197-6716 (electronic)
essentials
ISBN 978-3-658-22568-1 ISBN 978-3-658-22569-8 (eBook)
https://doi.org/10.1007/978-3-658-22569-8

Die Deutsche Nationalbibliothek verzeichnet diese Publikation in der Deutschen Nationalbibliografie; detaillierte bibliografische Daten sind im Internet über http://dnb.d-nb.de abrufbar.

Springer Gabler
© Springer Fachmedien Wiesbaden GmbH, ein Teil von Springer Nature 2018

Gedruckt auf säurefreiem und chlorfrei gebleichtem Papier

Springer Gabler ist ein Imprint der eingetragenen Gesellschaft Springer Fachmedien Wiesbaden GmbH und ist ein Teil von Springer Nature
Die Anschrift der Gesellschaft ist: Abraham-Lincoln-Str. 46, 65189 Wiesbaden, Germany

Was Sie in diesem *essential* finden können

- Sprachwerkzeuge für den gelingenden tief greifenden Wandel
- Sprachwerkzeuge für die systematische Entwicklung von Ideen
- Sprachliche Tipps und Techniken, um die Tiefenschichten des Bewusstseins derer zu erreichen, die Sie für Veränderungen und Erneuerungen gewinnen wollen
- Grundlagen dialogischer Kommunikation und des sprachlich vermittelten gemeinsamen Denkens von der Zukunft her
- Fallbeispiele für Leitbild- und Produktentwicklung

Vorwort

Die derzeitigen Veränderungen unserer Wirtschaft und Gesellschaft können nur dann aktiv bewältigt und gestaltet werden, wenn wir unser Denken und Sprachhandeln reflexiv machen. Reflexives Denken gelingt nur denen, die in der Lage sind, aus der Sprache herauszutreten und die blinden Flecken der Wahrnehmung, des Selbst und der Gruppe zu erkennen: Wer die Sprache der konventionellen Bedeutungen überwindet, sieht und denkt überraschend Neues. Wer seine inneren Vorstellungen revidiert, wird sich selbst zur wertvollsten Ressource. Wer mit Hilfe von Dialogen Gruppen befähigt, gemeinsam von der Zukunft her zu denken, dem gelingen Veränderungen und Innovationen tatsächlich.

Last but not least: Das Veränderungslernen braucht dringend geeignete Begriffe, um die sprachlich vermittelten kognitiven, emotionalen und sozialen Prozesse zu beschreiben und zu verstehen, die Veränderungen und Innovationen gelingen lassen. Und Veränderungs- und Innovationslernen braucht das Experiment, den spielerischen Umgang mit der Sprache sowie die Bereitschaft der Organisationen, Spielräume für Ideen zu schaffen. Dann gelingen innovative Sprachspiele, die uns in die Zukunft führen.

In diesem Sinne wünschen wir unseren Leserinnen und Lesern viel Vergnügen bei der Lektüre und gutes Gelingen bei der Suche nach Wegen erfolgreicher Veränderung und Erneuerung.

Bonn
im Mai 2018

Helmut Ebert
Edith Münch

Inhaltsverzeichnis

Logik der Changekommunikation 1

Wir leben in einer Welt fortgesetzter Veränderung, wobei sich die Menschen darin unterscheiden, wie sie Veränderung wahrnehmen und ob sie bereit sind, sich zu verändern. Die Sprache spielt in solchen Veränderungsprozessen eine bislang unterschätzte Rolle, ja wir haben es generell in der Ökonomie mit einer immer noch unzureichenden Sicht auf Sprache zu tun:

- Es interessiert in der Unternehmenskommunikation vor allem der persuasive Charakter sprachlicher Handlungen. Dass persuasive Kommunikation nur kurzfristig wirksam ist, bleibt aus den strategischen Plänen ausgeklammert (vgl. Kastens 2015, S. 234).
- Sprache gilt als „Gratismedium" (Priddat 2008, S. 22), wobei die gestaltende Kraft der Sprache für soziale und technische Entwicklungen ebenso übersehen wird wie die prinzipielle Unsteuerbarkeit von Kommunikation.
- Was Bedeutung ist, bleibt unverstanden. Unverstanden bleibt auch, wie neue Bedeutungen hervorgebracht werden bzw. wie neues Wissen entsteht.
- Sprache dient ferner dazu, Erfahrungen mittels Gesprächen zu integrieren. Sie lenkt die Wahrnehmung und trägt dazu bei, innere Bilder und Bewusstseinszustände aufzubauen, die in Handlungsmotivation überführt werden. Auch das ist bislang kaum ausreichend gewürdigt worden.
- Schließlich spielt Sprache eine Rolle bei der Sinnsuche und beim Aufbau von Vertrauen und bei der Schaffung eines Wir-Gefühls, was in Zeiten der Veränderung besonders wichtig ist.

Besonders in kritischen Zeiten brauchen Führungskräfte sprachliche und kommunikative Kompetenzen, denn es steigt die Wahrscheinlichkeit für irrationale und unkontrollierte Verhaltensweisen. Schnell befindet man sich in einer Situation, in

© Springer Fachmedien Wiesbaden GmbH, ein Teil von Springer Nature 2018
H. Ebert und E. Münch, *Sprache als Instrument der
Change- und Innovationskommunikation*, essentials,
https://doi.org/10.1007/978-3-658-22569-8_1

der man ein Getriebener ist, obwohl man doch die Mitarbeiter systematisch und bedacht an den Veränderungen beteiligen muss. Es kommt in solchen Zeiten oft zu einer Radikalisierung der Wortwahl, zu einer Herrschaft der Buchhaltung über die Innovation und man glaubt, keine Zeit zu haben, um die Dinge gründlich zu durchdenken. Mit Sprache ermitteln und vermitteln wir Sachverhalte (kognitive Funktion), und mit Sprache klären wir Beziehungen untereinander, reden über unsere Gefühle, motivieren einander oder setzen uns Ziele (soziale Dimension). Insofern wir nach neuem Wissen, neuen Zielen oder neuen Wegen suchen, wird deutlich, dass Innovationskommunikation und Change Communication „zwei Seiten einer Medaille" (Mast 2009, S. 271) sind.

Die Veränderung der Ablaufprozesse in der digitalisierten Ökonomie verändert die Tätigkeitsmerkmale und Anforderungsprofile an den Arbeitsplatz und damit an die persönliche Lern- und Leistungsbereitschaft. Bei der Suche nach (Meta-) Stabilität inmitten des Wandels kann die Sprache auf verschiedene Weise helfen: Wer in der Lage ist, aus der Sprache herauszutreten, bleibt nicht länger alten Denkweisen und Stereotypen verhaftet, sondern kann mithilfe einer neuen Sprache neues Wissen und neuen Sinn erarbeiten.

Wozu zwingen kritische Ereignisse und Entwicklungen?
- Auflösung erstarrter Organisationsstrukturen: direkte kreative Problemlösung,
- Auflösung psychischer Verkrampfung (Rigidität): Konzentration auf die Stärken,
- Radikalisierung der Marktorientierung und Marktkommunikation,
- Zwang zu Innovation und Risiko.

Es hat keinen Sinn, von kritischer Fehleranalyse abgesehen, sich nostalgisch zu fragen: Was haben wir alles falsch gemacht? Sondern wir müssen uns ausschließlich fragen, was müssen wir morgen tun, um Erfolg zu haben. Welche sprachpsychologischen Erkenntnisse können dabei helfen, die richtige Haltung zu entwickeln?

- Digitalisierung ist ein Abstraktum. Deshalb müssen wir konkret fragen, was Digitalisierung für unsere Firma bedeutet.
- Was man nicht benannt hat, macht Angst. Deshalb müssen wir versuchen, Sachverhalte klar zu benennen.
- Unsere Institutionen sind Antworten auf Fragen von gestern. Deshalb müssen wir verstehen, dass Institutionen Menschenwerk sind und veränderbar.

- Wir haben uns Gewohnheiten und Rituale zugelegt, die unseren Alltag stabilisieren. Und wir stabilisieren die bestehende Kultur über wechselseitige Verpflichtungen und Sanktionen. Aber um den Wandel zu bewältigen, müssen wir unsere Gewohnheiten, Rituale und wechselseitigen Verpflichtungen hinterfragen.
- Bei der Suche nach Neuem müssen wir weniger auf die stabilen Bedeutungen der Wörter (Lexikonbedeutungen) achten, sondern mehr auf die Bedeutungsnuancen, die im Sprachgebrauch entstehen.
- Wir müssen Konzepte neu kombinieren und dabei ein Gespür dafür entwickeln, wann neue Situationen die Bedeutung alter Wörter außer Kraft setzen oder verändern.
- Wir müssen Beobachter werden, neue Perspektiven einnehmen und ungewohnte Schlussfolgerungen ziehen.
- Wir müssen der gewohnheitsmäßigen Sprache misstrauen und eine Problemsensibilität entwickeln. Was ist das Problem hinter dem Problem?
- Wir müssen eine neue Sprache entwickeln, die bis zum Wesen der Dinge vordringt, und die uns hilft, zu uns selbst und unseren verborgenen Quellen vorzustoßen und Verantwortung zu übernehmen, denn die autoritären Strukturen des Vorgedachten helfen nicht länger, und auch unsere alten Rollen („Kind", „Untergebener", „Arbeitnehmer") versorgen uns nicht länger mit angemessenen Verhaltensweisen.
- Wir müssen Relevantes von weniger Relevantem unterscheiden und Prioritäten bei der Kommunikation setzen: Konzentration auf wenige Kernthemen, Visualisierung von Abläufen und Strukturen und Verdeutlichung der Inhalte an konkreten Situation.
- Wir müssen aktiv den Erfahrungsaustausch mit Anderen suchen. Gespräche sind als ein Mittel des gemeinsamen Denkens neu zu entdecken.
- Wir müssen bei der Kommunikation von Veränderungen auf Klarheit und Verständlichkeit achten. Denn was nicht verstanden wird, „wirkt unter emotionalem Stress negativ und vergrößert die Unsicherheit" (Wagner und Guse 2015, S. 191). Change-Verantwortliche müssen klar und präzise formulieren, damit die Zahl der möglichen Deutungen eingeschränkt wird.
- Wir müssen die zentralen Botschaften und fachterminologischen Begriffe (des Top-Managements) in die Sprache und Vorstellungswelt der Mitarbeiter übersetzen und visualisieren.
- Schließlich müssen wir eine Sprache lernen, die uns mit motivationaler Energie versorgt. Wer alles schlecht malt, muss scheitern bzw. sucht bereits den Misserfolg.

**Besonderheiten von Veränderungsprojekten betreffen das ganze „System"
einer Organisation**

- die Kultur einer Organisation: Zwecke, Werte, Normen, Grundannahmen und
  Entscheidungsprämissen, die Grundlage des Verhaltens sind,
- die Strukturen einer Organisation: Arbeitsabläufe, Zuständigkeiten, alles Vor-
  entschiedene. Insoweit die Kategorie „Personal" eine Strukturkategorie ist,
  gehört hierzu auch das psychische System der Mitarbeiter: Einstellungen,
  Überzeugungen, Gefühle, Motive, alles, was uns als selbstverständlich und
  gewiss erscheint: Wissen, Kompetenzen, Verhalten und Verhaltensroutinen,
- die Strategie einer Organisation: die Vision, den Hauptzweck, die Oberziele.

Die Change-Kurve bezeichnet einen typischen Reaktionsverlauf bei Veränderungen, der von Verneinung, Widerstand, Anpassung bis zum Commitment
reicht. Zu beachten ist: Man kann einzelne Personengruppen in diesen Phasen
verorten, da diese zu verschiedenen Zeiten die Phasen durchlaufen. Während sich
einzelne bereits für die Implementierung des Neuen engagieren, verharren andere
noch in der Schockstarre. D. h. auch, dass Manager auf Teamleiter-Ebene sich
dann mindestens in der Phase der Entdeckung bzw. Anpassung befinden.

Umgang mit Widerstand

Der Umgang mit Widerstand ist eine der größten Herausforderung in der
Change-Kommunikation. Entscheidend ist, ob sich der Widerstand eher gegen
die Veränderung als solche oder gegen die Art und Weise richtet, wie der Veränderungsprozess gestaltet wird. Ursachen für Widerstand können sein

- fehlendes Verständnis für die Veränderung,
- Angst vor Verlust,
- fehlendes Vertrauen in die Führungskräfte.

Kommunikationsziele in Change-Projekten sind

- Veränderung legitimieren: Verständnis wecken, Bewusstsein wecken, Sachver-
  halte und Ereignisse bewerten und einordnen, Dringlichkeit und persönliche
  Bezüge begründen und vermitteln,
- Orientierung und Sinnstiftung: Klare Ziele formulieren, Nutzen und Sinn der
  Veränderung verdeutlichen,

- Vertrauen schaffen: Transparenz über Ergebnisse und Fortschritte schaffen, Dialog zwischen Projektverantwortlichen und Mitarbeitern ermöglichen,
- Zustimmung fördern und Einstellungen ändern: Ängste, Befürchtungen, Widerstände abbauen,
- Wissen vermitteln und schaffen: Information in richtiger Menge zur richtigen Zeit an richtige Adressaten geben: Beteiligung ermöglichen, Mitdenken und Mithandeln fördern, Rollen-/Aktivitäten entwickeln,
- Verstehen ermöglichen und Verhalten ändern: Mitarbeiter so früh wie möglich einbinden, saubere Analyse, Verstehenserwartungen und -bedürfnisse von Zielgruppen berücksichtigen, Kernbotschaften formulieren, ausreichend persönlich kommunizieren, klar und konsistent kommunizieren, Kontexte des Verstehens berücksichtigen oder schaffen,
- Wir-Gefühl und Gemeinschaftsbildung: Wir-Gefühl erzeugen, Werte begründen und vorleben (sich achten, sich helfen, sich füreinander interessieren etc.).

Phasen in Change-Projekten: das klassische Phasenmodell von Change-Projekten sieht vier Phasen vor

- Analyse und Zieldefinition: Analyse und Festlegung der Kommunikationsstrategie auf Basis der analysierten Wirkungsziele,
- Orientierung und Information: Formulierung der Veränderungsvision und -strategie, Information über die Akteure, Reichweiten und Schritte der Veränderung,
- Umsetzung und Partizipation: Durchführung der definierten Maßnahmen, Aktivierung aller Beteiligten und Kommunikation von (Teil-)Erfolgen,
- Integration und Evaluation: Verankerung, Reflexion und Bestätigung der Ergebnisse, Bewertung und Kontrolle der Wirkungen.

Dieses Modell gilt eher für Top-down-geleitete Projekte. Bei Top-down-Bottom-up-Projekten stellt sich die Frage, ob eine solche Phasierung tatsächlich empirisch belegt ist. Partizipation gilt dann von Anfang an und nicht erst ab Phase 3. Zudem ist zu fragen, ob bei Top-Down-Vorgehen es nicht an einer grundlegenden Infrastruktur des Lernens fehlt, denn nur dann erscheint Veränderung als Einschnitt, der einmalig zu bewältigen ist. Ferner mutet es seltsam an, dass in den ersten drei Phasen keine Reflexion vorgesehen ist.

Gründe für das Scheitern von Change-Projekten
Mast (2009, S. 284) weist darauf hin, dass sehr viele Changeprojekte nicht zu den gewünschten Ergebnissen führen. Die größten Hürden sind laut einer

Umfrage der Universität Hohenheim aus dem Jahre 2008 die folgenden: Diffuse/ keine Strategie (48,8 %), keine zielgruppengerechte Kommunikation (42,5 %), mangelhafte Organisation und Struktur (32,5 %), mangelhafte Kommunikation der Führungskräfte (13,8 %), kulturelle Besonderheiten nicht berücksichtigt (11,3 %), zu wenig Dialog mit den Stakeholdern (8,8 %), fehlende Inhalte, Gründe und Erfolge (8,8 %), Ressourcenmangel (6,3 %), Arbeitsrecht/Rolle der Arbeitnehmervertreter (6,3 %) und zu wenig persönliche Kommunikation (5,0 %).

Sprache in der Changekommunikation 2

In Changesituationen ändern sich Werte, Komplexitäten, Beziehungen, Vorlieben und Führungsphilosophien. Diskussionen, Diskurse, Meetings oder Flurgespräche prägen das Geschehen. Jede Form sozialer Interaktion wird forciert. Fragen und Sorgen werden erörtert, wie „Wie gravierend ist die Veränderung?", „Ist unsere Abteilung/mein Arbeitsplatz in Gefahr?" oder „Welche Kompetenzen erfülle ich möglicherweise nicht?" (Wagner und Guse 2015, S. 185). Entscheidend für den Erfolg von Change-Projekten ist das „interaktive Erarbeiten von Deutungsrahmen […] Mit zur Bewertungsgrundlage gehört hierbei, in welcher Terminologie und mit welcher Metaphorik das Change-Projekt kommuniziert, in welcher Ausführlichkeit und zu welchem Zeitpunkt und wie es möglicherweise narrativ verpackt wird" (Wagner und Guse 2015, S. 185). Termeer (2004) verweist darauf, dass neue Werte wichtig werden, dass unterschiedliche Professionen auf eine neue Weise zusammenarbeiten müssen, dass Vielseitigkeit eine Brücke zu neuen Erfahrungen, Ideen und Lösungen bildet, dass über Standards wie Führungsformen, Regeln oder Positionen neu nachgedacht wird, und dass Kooperation und Netzwerkmanagement alte Führungskonzeptionen ablösen.

Zum Erfolg können verschiedene Strategien beitragen:

- die Keying-Strategie besagt, dass existierende Routinen als Antwort auf neue Probleme rearrangiert werden,
- die Strategie der Improvisation erfolgt meist unter Stress und führt zum sofortigen Agieren. Brainstorming führt zu neuen, meistens effektiven Experimentlösungen,
- die Certifying-Strategie hat damit zu tun, das was bei sozialen Innovationsprozessen geschieht, zu beobachten und der Welt zu erzählen, wie wichtig das ist,
- die Strategie des Vernetzens schafft Raum für Kooperation. Erfahrungen werden gemeinsam gemacht. Ideen werden ausgetauscht. Konferenzen, Debatten

© Springer Fachmedien Wiesbaden GmbH, ein Teil von Springer Nature 2018 7
H. Ebert und E. Münch, *Sprache als Instrument der
Change- und Innovationskommunikation,* essentials,
https://doi.org/10.1007/978-3-658-22569-8_2

und Workshops kommen zum Einsatz. Die Effizienz der Strategie besteht darin, nicht nur die eigene Erfahrung, sondern auch die Leistungen von anderen für die persönliche Kompetenzentwicklung nutzen zu können,

- die Integrationsstrategie bindet neues Wissen in die existierenden Erfahrungen ein. Es ist wichtig, Harmonie und Stabilität der Struktur zu zerstören, um sie von den alten konservativen Verbindungen zu trennen und in das neue System zu transferieren.

2.1   Glaubwürdigkeit und Vertrauen

In der Change-Kommunikation werden über mehrere Kommunikationskanäle Informationen unterschiedlichen Komplexitätsgrades versendet. All diese Informationen müssen widerspruchsfrei sein. „Insbesondere Dissonanzen zwischen den Aussagen verschiedener Manager verringern die Glaubwürdigkeit und folglich die Veränderungsbereitschaft der Mitarbeiter" (Wagner und Guse 2015, S. 192). Dissonanzen treten auch auf, wenn Inhalte und Stile von Botschaften einander widersprechen, wenn z. B. eine Fehlerkultur im Stil des Besserwissens gefordert wird, oder wenn einschneidende Maßnahmen wie z. B. Mitarbeiterentlassungen beschönigt und z. B. „Personalanpassung" genannt werden. Begriffe und Formulierungen müssen konsistent verwendet werden. Erklärungen mitsamt ihren Begriffen müssen in sich schlüssig sein, und es muss deutlich werden, welche Handlungsableitungen sich explizit daraus ergeben (vgl. Wagner und Guse 2015, S. 193). Insbesondere Ziele und Werte sind konsistent zu beschreiben. Dabei ist wichtig, dass Aussagen und Begriffe konstant verwendet und über einen längeren Zeitraum beibehalten werden. Das gilt vor allem für die „wortwörtliche Integrität bei der Formulierung von identitätsstiftenden Unternehmensstatements, wie die Unternehmensvision oder -mission", die ein „verbindliches Versprechen des Unternehmens an die Außenwelt, aber auch an die Mitarbeiter" darstellen (Wagner und Guse 2015, S. 193). Und es gilt besonders für die Formulierung eines Hauptzwecks als Instrument einer massiven Transformation des Unternehmens.

Glaubwürdigkeit muss in subjektiv nachprüfbaren Leistungen begründet sein und Unternehmen müssen geschlossen handeln. Der sprachliche Ausdruck gibt Aufschluss über die Gedanken des Sprechers, über seine Auffassungsgabe und Denkart, was wiederum Rückschlüsse auf die Glaubwürdigkeit zulässt.

Linguistische Glaubwürdigkeitsindikatoren sind

- ein offenes, aktives und konkretes Informationsverhalten,
- eine korrekte Sprache, die Kanaldiskrepanzen (z. B. verbal/nonverbal) meidet,
- konsistente, widerspruchsfreie, konstante und nachvollziehbare Aussagen,

- überschaubare, transparente und nachvollziehbare Aussagen,
- eine klare Trennung von Berichts- und Meinungssprache,
- eine klare und verständliche Sprache. Unverständlichkeit führt zu Entfremdung, Distanzierung, Demotivation und Destruktion,
- eine anschauliche und multisensuelle Sprache,
- konstruktive Emotionen und überzeugende Argumente,
- Verweise, Belege, Beweise und Referenzen, die den Verstehenskontext bilden,
- dialogische Kommunikation.

Besonders dann, wenn Veränderungen anstehen, wollen die Mitarbeiter gefragt, gehört und beteiligt sein. Hierfür müssen dialogische Situationen geschaffen werden, ohne die es verstärkt zu Gerüchten kommt. Auch ist zu bedenken, dass informeller Austausch (Klatsch, Tratsch, Gerüchte) den Widerstand gegen die Veränderungen begünstigen kann, wenn die Mitarbeiter Angst vor dem Verlust ihres Arbeitsplatzes haben. Dem kann durch aktives Zuhören vorgebeugt werden: i) die Manager erfahren, was der Verlust bedeuten würde, ii) sie können Verständnis zeigen, iii) die Mitarbeiter erleben das Zuhören als Wertschätzung und öffnen sich dem Veränderungsansinnen, iv) die Manager können dasjenige benennen und herausstellen, was sich nicht verändert, um den Verlust zu kompensieren, v) falls die Notwendigkeit nicht eingesehen wird, hilft es, die Verluste klar zu benennen, die eine Folge der Nicht-Veränderung sind (vgl. Wagner und Guse 2015, S. 194).

Matějková (2009) ordnet den unterschiedlichen Phasen der Vertrauensgenese folgende sprachliche Mittel zu:

	Sprachliche Mittel zur Förderung von Vertrauen
I. Kontaktaufnahme und Initiieren einer Beziehung	Verbale und nonverbale Mittel zur Förderung eines positiven ersten Eindrucks (vgl. Bergler 1997) Bedeutende Rolle der (richtigen) Ansprache (vor dem Körperkontakt z. B. mittels Handreichung, Umarmung), sprachliche Mittel, die die Selbstsicherheit unterstützen
II. Aufbau einer Vertrauensbasis	Dialogische Kommunikation, in der sich Führungskräfte nicht scheuen, Emotionen zu zeigen und auch Mitarbeiter ermuntern, ihre Gefühle zum Ausdruck zu bringen Hinweise auf gemeinsam geteilte Werte und Erfahrungen, d. h. ein offenes Gespräch, das über das Stellen und Beantworten von Verständnisfragen hinausgeht Positive verbale Selbstdarstellung Aufmerksamkeit dem anderen gegenüber, Bitte um Feedback, Hilfe u. a. Wichtig in dieser Phase: Risikoeindrücke vermeiden

	Sprachliche Mittel zur Förderung von Vertrauen
III. Pflegen und Aufrechterhalten der Vertrauensbeziehung	Funktionierendes Vertrauen ist „inkommunikatibel" und noch weniger lassen sich „Zuversicht und Vertrauen einfordern" (S. 52) Sprachliche Kommunikation liefert in dieser Phase „vor allem Impulse für einen Gedankenaustausch, für gemeinsame Pläne u. a." (S. 53)
IV. Vertrauensbruch, Vertrauenskrise, Ende der Vertrauensbeziehung	Handlungen, die Vertrauen gefährden, ziehen Entschuldigungen, Rechtfertigungen und Erklärungen nach sich Sprache ist in dieser Phase als Mittel der Problemlösungskommunikation von großer Bedeutung Beim Versuch, Vertrauen neu aufzubauen, helfen sprachliche Mittel, die die Kommunikation effektiv und angenehm machen
V. Phasenübergreifend	Metakommunikation hilft, „das Tempo und den Verlauf der Kommunikation zu steuern, wodurch sie für beide Seiten angenehmer gestaltet werden kann" (S. 54) „aufmerksames Eingehen auf die (kommunikativen) Bedürfnisse des Kommunikationspartners wird geschätzt und als vertrauenswürdig empfunden" (S. 54)

2.2   Empathie

Empathie meint die Fähigkeit, das Denken, Fühlen und Wollen anderer Menschen nachzuvollziehen und sich so auf die Anderen einzustellen, dass man seine Ziele aus deren Augen zu betrachten in der Lage ist. Jeder Mensch verfügt über Empathie. Die Ausprägung wird jedoch stark durch Sozialisation, Erziehung, und das soziale Umfeld beeinflusst. Auch kann Empathie bedeuten, sich in fremde und neue Welten hineinzuversetzen. Dies ist umso wichtiger, als es bedeutet, sich Situationsmodelle künftiger Welten auszudenken, in denen eine Innovation erfolgreich ist.

Einfühlungsvermögen wird unter anderem für die Zusammenarbeit am Arbeitsplatz und soziales Lernen benötigt. Für viele soziale Prozesse wie z. B. interpersonale Konflikte ist es wichtig, die Motive anderer Menschen zu verstehen und die damit zusammenhängenden Lebensumstände und Überzeugungen. Wer dazu nicht in der Lage ist, schottet sich unweigerlich ab und seine Kommunikation ist wirkungslos.

Einfühlsame Menschen

- hören aufmerksam zu, beobachten und ziehen daraus ihre Schlüsse,
- sprechen überlegt und stellen sich im Sprachverhalten argumentativ auf den Anderen ein,
- können die Sichtweise des Gesprächspartners einnehmen,
- hinterfragen mögliche Konflikte und Differenzen,
- nehmen auch schwache Signale anderer Menschen bewusst oder unbewusst wahr und reagieren darauf,
- zeigen Interesse an dem, was andere Menschen interessiert,
- sind sich der Wirkung der eigenen verbalen und nonverbalen Signale bewusst.

Viele Führungskräfte verwenden Phrasen wie: „Ich kann Sie gut verstehen…" oder „Ja, das kann ich nachvollziehen…" oder gar „ich weiß, was Sie meinen …", um Empathie zum Ausdruck zu bringen. Dem folgt oft ein „aber". Solche Phrasen haben aber nichts mit Verstehen oder Empathie zu tun, weil dem „aber" eine ausführliche Darstellung der eigenen Ansichten folgt.

Empathie ist eine kommunikative Praktik, die körperliche, emotive und kognitive Aspekte umfasst. Sie ermöglicht in der Verbindung eine Einfühlung in situativ-existenzielle Befindlichkeiten, Dispositionen, Lebensvollzüge, Bedürfnisse und Reaktanzen. Für Breithaupt (2009) bildet die Schnittstelle von Empathie und Common Ground eine Narration. Erst wenn Wahrnehmungen, Erwartungen, Prognosen und Simulationen in eine Narration vom Anderen verschmolzen werden, kann Empathie gelingen. Empathie ist dabei weniger ein bewusst reflektiertes Prinzip, sondern mehr eine strukturierende Ressource, wobei es wichtig ist, Empathie zum Gegenstand der Metakommunikation in vermittelnder Kommunikation zwischen Fachkulturen und Laien zu machen (vgl. Jacob et al. 2019).

2.3 Dialog

Auert und Röpnack (2009) schildern ein Beispiel für misslungene Changekommunikation: Eine große Gruppe mit 250 Mitarbeitern und Führungskräften wird zwei Stunden lang von unterschiedlichen Managern, Projektleitern etc. informiert. Trotz Aufforderung an die Mitarbeiter werden keine Fragen gestellt, und die Versammlung löst sich schnell auf. Das Interesse der Mitarbeiter auch nach der Veranstaltung ist nicht geweckt worden. Als positives Beispiel wird eine kleinere Gruppe mit nur 25 Personen beschrieben. Hier beschreibt nur eine Führungskraft einen halben Tag lang ihren eigenen emotionalen Weg vom

„Skeptiker" zum „überzeugten Promoter". Die Mitarbeiter fangen an Fragen zu stellen und äußern ihre eigenen Meinungen. Eine Diskussion entsteht, weil sich emotionales Erleben einstellt. Nach Auert und Röpnack (2009) sorgen die nachfolgenden fünf Gütekriterien für eine anschlussfähige Kommunikation:

- Dialogisch
- Authentisch-emotional
- Energisch-behutsam
- Überlegt-geduldig
- Integrierend

Wichtig bei dialogischer Kommunikation ist, dass der Empfänger, anders als bei der Einwegkommunikation, daran interessiert ist mitzuwirken, mitzudenken und dem Sender dabei Rückmeldung zu geben. Dabei muss der Empfänger zum aktiven Beteiligten gemacht werden. Die Führungskraft als Sender muss seine Rolle wechseln, dem Empfänger zuhören und nachfragen können. Dies ist nur mithilfe eines neuen Selbstverständnisses der Führungskraft möglich, indem die Führungskraft auf eine Ebene mit dem Mitarbeiter gelangt. Mithilfe des erfolgreichen Dialogs können Probleme früher erkannt werden, dabei Bedenken ernst genommen werden, die daraus entstandene Energie und das Interesse der Beteiligten genutzt werden, um letztendlich gemeinsam zum Erfolg zu gelangen.

Authentisch-emotional
Veränderungsprozesse sind immer mit Emotionen verbunden. Die meisten Menschen seien bei Veränderungen verunsichert, da die Orientierung fehle. Deshalb sind die Authentizität und die emotionale Intelligenz der Führungskräfte entscheidend. Wichtig ist, dass die Führungskräfte sich ihrer eigenen Empfindungen bewusst sind, diese kommunizieren können und dabei gleichzeitig in der Lage sind, Empathie Anderen gegenüber zu zeigen.

Energisch-behutsam
Energisch-behutsame Kommunikation erfolgt nur dann, wenn Widerstände einerseits sensibel aufgegriffen werden, aber andererseits auch die eigene Meinung verteidigt wird. Nur so können Glaubwürdigkeit vermittelt und Andere in Bewegung gesetzt werden. In Konflikten wird beides gebraucht: Wertschätzung und Kommunikation.

Überlegt-geduldig

Damit das Vertrauen der Mitarbeiter gewährleistet ist, müssen die Führungskräfte als überlegt handelnde Akteure erlebt werden. Deshalb müssen sie Widerstände ernst nehmen und zulassen. Hierbei kommt es auf Geduld, konstruktive Dialoge und das Bewahren von freundlicher Standfestigkeit an, auch angesichts von Widerständen und Provokationen.

Integrierend

Jeder Mensch hat ein anderes Veränderungstempo. Deshalb müssen die Führungskräfte sich darum bemühen, zu allen Mitarbeitern einen Zugang zu finden, die unterschiedlichen Erfahrungen im Dialog integrieren und die verschiedenen Interessen miteinander koordinieren und dabei noch gleichzeitig die eigene Authentizität bewahren. So bieten Veränderungsprozesse gleichzeitig den Beteiligten eine Möglichkeit, sich weiter zu entwickeln.

2.4 Überzeugen

2.4.1 Argumentieren

Um Widerstand gegenüber Veränderungen zu überwinden, kommt es darauf an, den Ist-Zustand als veränderungsbedürftig zu definieren und gleichzeitig auf der Ebene der Werte, d. h. auf der Ebene allgemeinster Ziele, nicht mit den tradierten Werten zu brechen. Der Nutzen der Veränderung sollte in den Kernbotschaften des Top-Managements erkennbar sein. Dabei geht es nicht um den objektiv vorhandenen Nutzen für das Unternehmen, sondern um den „subjektiv wahrgenommenen Nutzen" im Hinblick auf die Mitarbeiter. „Die Kunst der Veränderungskommunikation besteht darin, diesen Nutzen so zu kommunizieren, dass er für die Mitarbeiter sichtbar wird, zum Beispiel indem die Informationen auf die direkte Arbeitsumgebung der Mitarbeiter ausgerichtet werden" (Wagner und Guse 2015, S. 189). Ferner müssen sorgsam rationale und emotionale Argumente arrangiert werden. In der Praxis haben sich folgende Argumente bewährt (vgl. Piwinger und Bierhoff 2008):

- Verweis auf Veränderungsprozesse in vergleichbaren Bereichen, die eine Vorbildfunktion besitzen.
- Verweis auf einen kontinuierlichen Verschlechterungsprozess, der schon eingesetzt hat und sich vermutlich fortsetzen wird.

- Verweis auf die Möglichkeit einer frühzeitigen Intervention: *„Wenn wir jetzt nichts machen, wird es uns später in viel unangenehmerer Weise aufgezwungen werden".*
- Die gemeinsame Identität der Betriebsangehörigen hervorheben: *„Wir wollen doch alle dasselbe, wir wollen doch alle Erfolg haben. Wir sind ein führendes Unternehmen in der Branche und wollen es auch bleiben".*
- Traditionswerte benennen, die erhalten bleiben und die mit dem Veränderungsprozess konsistent sind.
- Auf Veränderungsprozesse in der Vergangenheit Bezug nehmen: *„Erinnern Sie sich noch an die Zeit, als …".*
- Auf Beispiele von Unternehmen verweisen, die Innovationen versäumt haben: *„Wenn sie sich damals rechtzeitig umgestellt hätten, dann würde es ihnen heute besser gehen".*
- Die Alternativlosigkeit des Veränderungsprozesses hervorheben: *„Wir haben gar keine andere Wahl".*
- Belohnungen antizipieren: *„Wir können nur gewinnen".*

2.4.2 Ziele formulieren

Eine weitere Kernbotschaft der Change-Kommunikation sind die Ziele der Veränderung und die dahinter stehende Vision oder ein transformativer Hauptzweck, wie ihn Ismail et al. (2017) beschrieben haben. Eine Vision ist ein motivierend und begeisternd formuliertes Zukunftsbild des Unternehmens (vgl. Wagner und Guse 2015, S. 189). Für die Umsetzung von Zielen brauchen wir eine innere Gestalt (ein sinnliches und erlebbares Bild). Erst eine sinnliche und konkrete Vorstellung des erreichten Ziels macht eine Planung des Zieles möglich. Die Frage, ob Ziele eine wichtige Rolle spielen, wird im unternehmerischen Umfeld mit einem klaren „ja" beantwortet. Fragt man nach, erhält man als Antwort oft sehr viele Ziele benannt oder sehr hohe Ziele relativ zum aktuellen Status. Beiden Antworten ist gemeinsam, dass sie nicht auf inneren Wahrnehmungen beruhen und z. B. gedacht wird, das sind doch nur die Ziele des Vorstands. „Existiert ein solches Erleben, ist bereits zu diesem Zeitpunkt die Wahrscheinlichkeit sehr hoch, dass die Ziele nicht erreicht werden" (Padberg 2010, S. 95). Damit Strategien wirksam sind, brauchen Ziele eine wohlgeformte Gestalt. Nur dann können wir den inneren Zustand erleben, der mit der Zielerreichung verbunden ist.

Unser Unbewusstes wirkt wie ein Radar. Es ist darauf geeicht, unsere gedanklichen Vorstellungen in der Außenwelt zu verwirklichen (Wahrnehmungsfilter). Auch unbewusste Ziele werden so erstaunlich konsequent realisiert, wenn sekundäre Gewinne im Spiel sind. Wir verwirklichen einfach unsere innere Landkarte – das Gedachte wird in der Welt bevorzugt wahrgenommen und als ‚Wirklichkeit' identifiziert (z. B. „selbsterfüllende Prophezeiung"). Dieser psychische Mechanismus beeinflusst unser Leben stärker, als wir oftmals glauben wollen. Die Bestätigung innerer Konzepte vermittelt uns ein Gefühl von Sicherheit und „Wahrheit" (Padberg 2010, S. 96).

Ein wohlgeformtes Ziel trägt die Tendenz zur Selbstentfaltung in sich. Folgende Kriterien sind zu beachten, damit Ziele erreicht werden (vgl. Padberg 2010, S. 99):

- eindeutig positiv, ohne versteckte Negation. Die mit dem Ziel erreichte positive Absicht/Intention muss benannt sein. Es dürfen keine unvollständigen Vergleiche vorhanden sein. Beispiel für eine versteckte Negation: „Am 31.12. des kommenden Jahres haben wir einen Reingewinn von X Mio. Euro erreicht, der es uns möglich macht, bei unseren künftigen Investitionsentscheidungen von den Banken unabhängig zu sein",
- sinnesspezifisch konkret: Was gibt es zu sehen, zu hören, zu fühlen, zu schmecken, wenn das Ziel erreicht ist,
- selbst erreichbar, d. h. wir müssen bei Beginn mehr als 51 % der Ressourcen zur Verwirklichung des Ziels besitzen,
- gut kontextualisieren: eine Kontextualisierung beschreibt präzise, wann genau der Punkt erreicht ist, an dem wir uns und allen Anderen sagen können, wir sind fertig,
- Feedback-Kriterien und Meilensteine: auch diese müssen den Kriterien der Kontextualisierbarkeit folgen. Je größer ein Ziel ist, umso wichtiger sind präzise Beschreibungen der Feedback-Kriterien und Meilensteine,
- Öko-Check: dient der Prüfung der Konsequenzen, die wir bereit sind, in Kauf zu nehmen, um das Ziel zu realisieren.

2.4.3 Framing und Metaphern

Ein Frame ist eine Vorstellung über einen bestimmten Wirklichkeitsausschnitt. Diese Vorstellung beeinflusst das (strategische) Handeln, Verhalten und Verstehen. Die Wirklichkeitsvorstellung ist geordnet, weshalb wir auch von mentalen Strukturen oder Wissensrahmen sprechen, die unser Wissen über ein Thema auf eine bestimmte Weise strukturieren. Als Skript kann ein Frame Wissen über eine Handlungsabfolge abbilden, wie z. B. den typischen Verlauf eines Restaurantbesuchs. Als mentales Modell kann ein Frame ein Konzept abbilden, wie z. B. die Vorstellung über Autos, Raketen oder Kindergeburtstage.

Frames sind kognitive Wissensstrukturen, die aus den Elementen Slot, Filler und Defaultwerten sowie der Menge ihrer Beziehungen zueinander bestehen:

- Slots sind konzeptuelle Leerstellen, die mittels sinnvoll zu stellenden Fragen erschlossen werden können (z. B. „Welche Energie treibt ein Auto an?")
- Filler sind Füllelemente für Slots (z. B. „Gas", „Benzin", „Wasserstoff", „Strom")
- Default-Werte sind die in einem Kollektiv vorausgesetzten und prototypisch erwartbaren Füllelemente für Slots. Default-Werte werden deshalb in der Kommunikation immer schon unterstellt und werden selten explizit genannt (Default-Werte klassischer Autos: „Benzin"/„Diesel" als Energie und „Fahrer" als Steuerungsinstanz).

Framing spielt eine große Rolle, wenn es darum geht, eine schlüssige Change-Story zu erzählen, denn hier kommt es auch darauf an, sich einer passenden Metaphorik zu bedienen. Metaphern erleichtern das Verstehen komplexer Sachverhalte und wirken besonders sinnstiftend. Wagner und Guse (2015, S. 196) schildern ein wissenschaftliches Experiment der Stanford Universität, das zeigt, wie Metaphern die Deutung von Sachverhalten beeinflussen:

> Den Probanden werden zwei Versionen eines Textes vorgelegt, der dieselbe Kriminalitätsstatistik einer fiktiven Stadt darlegt. Der einzige Unterschied liegt in der Metaphorik bei der Betitelung des Verbrechens: Einmal wurde es als "Wildes Tier" und einmal als "Virus" bezeichnet. Die Probanden, denen Version 1 ("Wildes Tier") vorgelegt wurde, schlugen zur Bekämpfung der Kriminalität hartnäckige Methoden zur Verbrecherjagd vor, während die Probanden mit der Virus-Metapher auf die Armutsbekämpfung fokussierten und für den Ausbau der Bildung plädierten.

Metaphern beeinflussen also sowohl die Deutung von Sachverhalten als auch die Entscheidungsfindung. So beeinflussen sie entscheidend den Verlauf eines Change-Projektes, den die Führungskräfte mittels ihrer Wortwahl steuern können.

Wörter indizieren Wahrnehmungs- und Denkstereotypen, also die Art und Weise, wie unsere innere Welt strukturiert ist. Sie erschweren deshalb oft das Erkennen des eigentlichen Problems bzw. lassen die Betroffenen zu vorschnellen Lösungen greifen: *Wir stecken in einer Sackgasse*; *das Management legt immer dieselbe Platte auf*; *der einfache Arbeiter ist immer der Dumme*. Nicht selten werden notwendige Veränderungen mit Floskeln begründet, um von Versäumnissen abzulenken: die konjunkturelle Lage hat uns schwer zu schaffen gemacht; wir leiden unter zunehmendem Wettbewerbsdruck; die Kunden werden immer wählerischer usw.

2.4.4 Reframing

Reframing kann helfen, Ängste abzubauen und neue Vorstellungen zu entwickeln. Reframing kann auch helfen, wenn die Einsicht in die Notwendigkeit von Veränderungen fehlt. In dem Fall hilft die Darstellung möglicher Verluste im Falle der Beibehaltung des Status quo. Wirkungsmechanismus ist hier das bewusstmachende Reframing der Konsequenzen des Status quo. Denn die meisten Menschen „erachten es als weniger gravierend, nicht zu gewinnen, als etwas zu verlieren" (Wagner und Guse 2015, S. 194). Wer sich von der Digitalisierung „getrieben" fühlt, verbindet damit eher einen Frame, der eine treibende und bedrohliche Kraft wie eine Naturgewalt, ein wildes Tier oder einen Antreiber vorsieht. Überträgt man den Gedanken des „Getriebenseins" hingegen auf einen Frame wie „Fahrt im Heißluftballon", entfällt das Bedrohliche der antreibenden Kraft. Denn man fährt mit dem Wind. Das kann dann so verstanden werden, dass man alles im Blick hat, aber sich dem Wind anvertraut. Neue Vorstellungen können entwickelt werden, wenn man beispielsweise den Default-Wert verändert: Wer ein Restaurant betreibt, kann die Tradition der Tellergerichte beispielsweise auf zwei verschiedene Weisen verändern: er bietet die Komponenten zum Verzehr an, und jeder Gast kombiniert nach seinen Wünschen die vorhandenen Komponenten (Fleischgericht, Beilage, Suppe etc.). Oder er folgt der griechischen Tradition der Meze, wobei alle Gerichte etwas kleiner werden, dafür aber frei kombinierbar sind und von den Gästen eines Tisches geteilt werden.

2.5 Umgang mit Emotionen

Kiefer et al. (2001) haben in ihrer Studie zur „Befindlichkeit in der Chemischen Industrie" nicht nur als zentral herausgefunden, dass Mitarbeiter als Subjekte der Veränderung ernst genommen werden wollen, sondern sie haben auch eine beachtenswerte „Themenlandschaft der Emotionen" (S. 24) herausgearbeitet, wobei es einer künftigen Studie überlassen bleibt, die sprachlich-kommunikative Seite dieser Emotionen herauszuarbeiten: Abneigung, Aggression, Angst, Ärger, Befriedigung, Bedrohung, Begeisterung, Dankbarkeit, Enttäuschung, Erleichterung, Freude, Frustration, Geborgenheit, Glück, Hoffnung, Lähmung, Misstrauen, Mitgefühl. Neid, Resignation, Sehnsucht, Sorge, Stolz, Traurigkeit, Überdruss, Unlust, Unruhe, Unsicherheit, Verstimmung, Vertrauen, Widerwille, Wut, Zutrauen.

Die negativen Gefühle werden bezogen auf die Themen „Entfremdung vom Management", „Lohnpolitik", „Umstrukturierungen", „Verhinderung effektiver Arbeit" und den „kulturellen Wandel" (S. 43). Enttäuschungen und Misstrauen gegenüber dem Management werden an Personen festgemacht und mit „negativen persönlichen Attributen wie Inkompetenz, Selbstherrlichkeit, Größenwahn, Eitelkeit, Egoismus, Unehrlichkeit, Unglaubwürdigkeit und Opportunismus charakterisiert" (Kiefer et al. 2001, S. 27).

In der Changekommunikation kommt es darauf an, angemessen auf destruktive Gefühle zu reagieren. Rijnders (2006, S. 51–56) sieht folgende Reaktionen vor:

Verneinen	Das hat doch nicht mit uns zu tun. So wie ich das sehe, kann das nicht funktionieren	Aktion: Die Realität bewusst machen
Wut	Als hätten wir die letzten Jahre alles falsch gemacht. Müssen wir für deren Fehler den Kopf hinhalten?	Aktion: Den Schmerz anerkennen und eine Diskussion über die Zukunft in Angriff nehmen
Verhandeln, Ausweichen	Das ist im Moment sehr ungünstig. Wenn wir etwas weniger zu tun haben, können wir uns gerne damit befassen	Aktion: Für Klarheit sorgen und Verantwortlichkeiten festlegen
Depression	Ich gebe auf, sie hören ja doch nicht zu. Sie tun ja doch, was sie wollen	Aktion: Für die Unumkehrbarkeit des Prozesses sorgen
Beruhigung	Ich will sehen. Ich lass es mal auf mich zukommen	Aktion: Unterstützen
Akzeptanz	Ach schau an, es hat auch Vorteile. So wie es war, konnte es auch nicht bleiben	Aktion: Bestärken

2.6 Fallbeispiel Leitbildentwicklung

In einem Change-Projekt einer Stadtverwaltung wurden gezielt die Techniken des Ambiguierens, Perspektivierens und Framings eingesetzt, mit dem Ziel, einen Konsens unter den Mitarbeitern über ein neues Selbstverständnis zu entwickeln. Es ging also um die Reorientierung einer neuen kollektiven Identität. Der Konsens wurde in einem Leitbild dokumentiert, welches das neue Selbstverständnis der Verwaltung als Dienstleistungsverwaltung definierte.

Bewusst wurden die Vorgaben durch den Bürgermeister, der in Nordrhein-Westfalen auch Leiter der Verwaltung ist, ambig gehalten, um die Suche nach neuen Sehweisen offen zu halten und um Kreativität zu ermöglichen.

Gleichzeitig fungierten die offenen Vorgaben den Bereichsleitern als Leitplanke, um deutlich zu machen, dass in ihren Dienstbereichen funktionale und anschlussfähige neue Ideen gesucht waren, nicht Wunschträume.

Die als Ideal oder Richtwert zu verstehenden Vorgaben des Bürgermeisters lauteten: „Das Ganze sehen", „Wir sind ein Laden mit Menschen", „Bürger mit uns", „Wir wollen nach vorn" und „Wir-Gefühl stärken". Wir stellen hier das erste Statement vor: „Wir sind ein Laden mit Menschen". Diese Aussage arbeitet mit Vagheit (Ein „Laden mit Menschen" kann vieles bedeuten), mit einer perspektivierenden Definition (Stadtverwaltung ist ein Laden mit Menschen) sowie mit einer Metapher, die eine Stadtverwaltung mit einem Geschäft vergleicht.

Die folgende Übersicht zeigt die individuellen Deutungen des Frames „LADEN MIT MENSCHEN" durch die Bereichsleiter und ihre Mitarbeiter:

- *„Irren ist menschlich":* „Wir sind nicht der liebe Gott, wir sind nur Menschen. Man gibt sein Bestes, ist aber kein Roboter. Wir brauchen eine Fehlerkultur."
- *„menschenfreundliche Arbeitsplätze":* „Hier sollten die Mitarbeiter auch so untergebracht werden, dass sie sich wie Menschen fühlen können. In vielen Bereichen sind die Büroeinrichtungen – speziell auch die Bildschirmarbeitsplätze – ein voller Witz."
- *„Menschlichkeit":* „Vertrauen schenken. Spaß ist nicht unwichtig. Sich selbst sollte man nicht allzu ernst nehmen. Freude an der Arbeit ist ganz wichtig."
- *„Mitarbeiter als Ressource":* „Ressource Mensch, der Mensch als Kapital! Die Unterschiedlichkeit der Menschen ist eine Chance! Den Leitsatz finde ich etwas hölzern. Der Ausdruck „Laden" ist zu gewollt locker. Vorschlag stattdessen: Hinter jedem Produkt, jeder Leistung stehen Menschen?"
- *„Gleichheit":* „Wir sind alle gleich! „Mensch" heißt nicht Berufsrolle oder Funktion. Menschlichkeit und menschliche Organisation, nicht Behörde!"
- *„Leistungsumfang":* „Laden steht für ein kleines Geschäft. Ein Laden hat viele Produkte. Es gibt viele Angebote unserer Verwaltung: Kultur, Sicherheit etc. Nicht immer ist alles vorhanden. Wo Sachen verkauft werden, gibt es aber auch Ladenhüter. Was sind denn unsere Ladenhüter?"
- *„Beziehung zum Kunden":* „Beim Laden hat man noch Kontakt, anders als im anonymen Supermarkt. Ein Laden muss sich weiterentwickeln, um von den Kunden angenommen zu werden. Service! Wir müssen die Bürger ernst nehmen."
- *„Rechtsform":* „Soll das heißen, dass Privatisierungen anstehen und wir als Mitarbeiter sind die Ware, die verkauft wird?"

Erst nachdem diese sehr unterschiedlichen Verständnisse zum gemeinsamen Wissensbestand gemacht worden waren, konnte die bewusste und angstfreie

Arbeit an der Auswahl zielführender Aspekte beginnen. Unter anderem entwickelte sich aufgrund der Explizierung der unterschiedlichen Deutungen von „Wir sind ein Laden mit Menschen" ein Konsens dahin gehend, dass die Rollenbezeichnung „Bürgerberater" alternativen Bezeichnungen wie „Sachbearbeiter" und „Fallmanager" vorgezogen werden sollte.

Wichtig ist festzustellen, dass Benennungen in Change-Projekten nicht einfach Umetikettierungen sind, sondern neue Vorstellungen wecken und fixieren. So gesehen sensibilisierte die Diskussion der Bürgermeister-Vorgaben alle Beteiligten für die schöpferische Kraft neuer Benennungen und ließ diese erkennen, dass die gewohnten Benennungen konventionalisierte und habitualisierte (Selbst-)Wahrnehmungen und Rollenverständnisse fixierten und die ihnen vorausgegangenen Entscheidungen für das Bewusstsein ausgeblendet hatten.

Im Rahmen von Change-Projekten kommen alternativen sprachlichen Benennungen und Beschreibungen zentrale Funktionen zu. Befindlichkeiten, Einstellungen, Bewertungen, Perspektivierungen und Kategorisierungen werden bewusst gemacht. Benennungen fixieren nicht nur den Bezug auf Gegenstände, sie legen vor allem auch ein benennungsspezifisches Wahrnehmungs- und Handlungsprogramm fest.

Sprache in der Innovationskommunikation 3

3.1 Funktionale Abstraktion

Die Tragweite der Perspektivierung sehen wir am Beispiel des Konzeptes „Schlüssel". Aus Sicht der Mechanik haben Schlüssel die Funktion, Türen zu öffnen und zu schließen. Eine ganze Industrie lebt(e) von der Herstellung mechanischer Schlüsselsysteme. Sobald man aber die Perspektive wechselt und abstrahierend einen Schlüssel als „Identifizierungsfunktion für Zugang-suchende Personen" definiert, erkennt man schnell, dass sich mechanische Schlüssel durch Chipkarten und andere Identifizierungsmethoden (Irisscanner) ersetzen lassen. Viele Hersteller mechanischer Schlüssel waren aus unterschiedlichen Gründen blind für diesen Perspektivenwechsel (vgl. Kerka und Kriegesmann 2008). Als Beispiel für eine metaphorische Perspektivierung verweisen wir auf die Entwicklung des Honda Civic, bei der am Beginn des Innovationsprozesses folgende Suchrichtung vorgegeben wurde: ein Auto als „tall boy" (s. u.). Als Beispiel für die narrative Perspektivierung von Sachverhalten seien Träume (Traum vom Fliegen), Diskurse („Industrie 4.0") oder Visionen genannt (vgl. die Wikipedia-Vision: Stell Dir eine Welt vor, in der jeder einzelne Mensch freien Anteil an der Gesamtheit des Wissens hat). Ein angemessener Gebrauch der Sprache ermöglicht also den multiperspektivischen Zugriff auf neue Konzepte und Sachverhalte. Auf diese Weise wird der Ausgriff in das Ungewisse strukturiert und dem blinden Zufall entzogen. Sprache sichert zudem durch Perspektivenabgleich das konsensfähige Wissen bezüglich einer Sachverhaltsdarstellung.

© Springer Fachmedien Wiesbaden GmbH, ein Teil von Springer Nature 2018
H. Ebert und E. Münch, *Sprache als Instrument der
Change- und Innovationskommunikation,* essentials,
https://doi.org/10.1007/978-3-658-22569-8_3

3.2   Framing

Ein weiterer Nutzen des gezielten Umgangs mit Frames besteht darin, dass in multiprofessionellen Teams die Standardwerte von Frames metakommunikativ ins Bewusstsein gerückt werden können. Denn in der Regel unterstellen Sprecher einander wechselseitig, über dieselben Standardwerte zu verfügen, weshalb dieses Hintergrundwissen zwar oft eine Quelle von Missverständnissen ist aber selten explizit thematisiert wird. Der Nutzen des bewussten Umgangs mit den eigenen mentalen Strukturen besteht darin, dass man Konzepte semantisch auseinandernehmen und neu zusammenbauen kann. So hat z. B. der Physiker Stephen Hawking ein innovatives Konzept von Raketen entwickelt, mit dessen Hilfe die bisher unmögliche Reise zum Sternensystem Alpha Centauri statt mit herkömmlicher Technologie in 20.000 Jahren nun in 20 Jahren möglich werden könnte.[1] Die Grundidee besteht darin, sich eine Rakete briefmarkenklein aber mit einem riesigen Photonensegel ausgestattet zu denken, weil dieses Konzept von Rakete keinen eigenen Antrieb vorsieht. Aus diesem Grund soll das Photonensegel von der Erde oder dem erdnahen Weltall aus mit Photonen beschossen werden, um die Mini-Rakete bzw. Mini-Sonde zu beschleunigen, und zwar auf ein Fünftel der Lichtgeschwindigkeit.

3.3   Perspektivierung

Köller (1988, S. 368) versteht unter der Perspektivierung von Informationsinhalten, dass „bei jeder sprachlichen Darstellung eines Sachverhalts die jeweils intendierten Gegenstände von einem bestimmten Aspekt her erschlossen werden müssen und dass sie notwendigerweise in eine ganz bestimmte Relation zu anderen gebracht werden müssen". Das Herausarbeiten von Zugangsaspekten bzw. die Perspektivierung ist im Prinzip eine Interpretation, die die jeweiligen Darstellungsmöglichkeiten den Wahrnehmungsmöglichkeiten des betrachtenden Subjekts anpasst bzw. dessen Blickwinkel unterwirft (vgl. ebda). Man vergleiche die Unterschiede in der Perspektivierung des Konzeptes „Regen": „es regnet" (unpersönlicher Vorgang), „Regen fällt" (Darstellung als sich bewegende Größe), „es ist regnerisch" (Kennzeichnung der Wetterlage), „wir haben Regen" (Zuordnung des Phänomens

---

[1]http://www.spiegel.de/wissenschaft/weltall/stephen-hawking-und-juri-milner-wollen-sonde-zu-alpha-centauri-schicken-a-1086903.html.

zu einem persönlichen Bereich). Wenn auch keine objektive Erkenntnis möglich ist, so ist aber doch eine Annäherung an das Objektive oder Machbare möglich, und zwar durch den „multiperspektivischen Zugriff auf die via Sprache verfügbar gemachten Sachverhalte" (Hundt und Biadala 2015, S. XI). Die Suche nach konsensfähigem Wissen erfolgt durch den Abgleich der Perspektiven. Durch Perspektivierung werden die Wahrnehmungsmöglichkeiten zwar eingeschränkt, andererseits „gewinnen sie dadurch aber auch an Konkretheit, weil die Reduktion von Wahrnehmungsmöglichkeiten zugleich eine Konzentration des Blicks auf bestimmte Wahrnehmungsinhalte ermöglicht" (ebda S. 369). Köller (2004) unterscheidet drei grundlegende Perspektivierungsverfahren von Wissen zu Konzepten und Sachverhalten, die sich selbstverständlich nicht gegenseitig ausschließen: die begriffliche Perspektivierung in Form von Definitionen, die metaphorische Perspektivierung mittels Sprachbilder, die ausgehend vom bekannten Wissen die jeweils zu verstehenden Zielkonzepte ansteuern, und die narrative Perspektivierung: z. B. mythische Erzählungen (Baum der Erkenntnis, Platons Höhlengleichnis).

Da sich unsere Wahrnehmung von Begriffen leiten lässt, können wir auch die Wahrnehmungen unserer Gesprächspartner durch unsere Wortwahl beeinflussen, denn die ausgewählten Wörter bieten

- eine Datenbasis für die Modellierung von Situationen,
- indizieren Wahrnehmungs- und Denkstereotypen,
- verknüpfen Bewusstseinsinhalte, die über die verschiedenen Sinneskanäle im Gedächtnis gespeichert worden sind,
- sprechen unterschiedliche Personen an, je nachdem ob es sich bei diesen um eher visuelle, auditive, haptische usw. Wahrnehmungstypen handelt,
- markieren Gruppenzugehörigkeit und Zusammengehörigkeitsgefühle,
- schaffen Beziehungen und appellieren an Vorwissen bzw. bestimmte intellektuelle Niveaus.

Da sprachliche Ausdrücke für unterschiedliche Gruppen unterschiedliche Bedeutungen haben, sind klar definierte Begriffe erfolgsentscheidend. LeMar (1997, S. 260) verdeutlicht das Problem der Zielsetzung anhand eines Schreibens der Geschäftsführung: „Liebe Mitarbeiter und Mitarbeiterinnen! Wie Sie alle wissen, zwingt uns unsere Kostensituation aufgrund des verstärkten Wettbewerbs zur Durchführung eines Re-Engineering-Projektes. Ich bitte Sie, bei Ihrem nächsten „Jour fixe" geeignete Vorschläge zu diskutieren und mir diese vorzulegen." Eine solche Aufforderung, in einer Teambesprechung das vage formulierte Ziel „Re-Engineering" anzugehen, gewährleistet in keiner Weise, dass alle dasselbe unter diesem Begriff verstehen. Jeder geht davon aus, dass den anderen Teilnehmern seine Auffassung vom Ziel klar ist und von ihnen geteilt wird. Deshalb hält keiner es für nötig, sein Verständnis vom Ziel transparent zu machen. Wenn dies mehrere Gesprächspartner zugleich unterlassen, entsteht alsbald folgende Situation: „Der eine spricht von neuen Märkten. Der Personalchef hat, bei gleichzeitigem Ausbau bestimmter Abteilungen, Kündigungen vor Augen. Die EDV-Leiterin schlägt neue Systeme vor und die Produktion will eine bessere Kapazitätsauslastung. Damit sind Umsatzziele, Gewinnziele, verkaufte Stück-Argumentation, Personalabbau und andere Dinge im Gespräch" (LeMar 1997, S. 260 f.).

3.4   Vagheit

Um Ideen-Spielräume zu nutzen, ist es wichtig, dass alle Beteiligten Ambiguitätstoleranz entwickeln. Dies ist eine Gelingensvoraussetzung auch und gerade für die Verständigung unter Experten verschiedener Disziplinen, was für Innovationsgespräche typisch ist. Der Aufbau von Ambiguitätstoleranz ist auch deshalb wichtig, weil im Alltag und in der Fachpraxis die Vorstellung überwiegt, Vagheit sei Ergebnis nachlässigen Redens. Entsprechend müssen Entwickler umlernen und Vagheit als Chance sehen und nutzen. Allerdings ist eine zu große Ambiguität ebenso zu vermeiden wie Ambiguität in unpassenden Kommunikationsphasen. Der Grund liegt darin, dass zu große und unangemessene Vagheit zu Entscheidungs-, Handlungs- und Lernunfähigkeit der Beteiligten führt. In frühen Innovationsphasen ist freilich Vagheit eine Quelle für neue Ideen. Denn anders als es die weitläufig bekannten Sprachauffassungen der Wirtschaftswissenschaft suggerieren, ist die Sprache als Medium der Bedeutungsentwicklung fundamental für das Entstehen neuer Ideen, gerade weil zur angemessenen Beschreibung von Sprache das Missverständnis, die Irritation und der immer produzierte Bedeutungsüberschuss gehören. Sprache ist gerade kein Abbild von Realität und die ökonomischen Modelle sind falsch, die darauf abzielen, Sprache als Mengen von Informationen anzusehen, die sich mehr oder weniger der Realität annähern. Schlimmer noch: wenn Modellbildung in der Lage wäre, die Reaktionen von Wirtschaftssubjekten unter Ausklammerung des Bedeutungsaspektes zu antizipieren, bräuchte es überhaupt keine Sprache. Sprache bildet Wirklichkeit nicht ab, sondern mit Sprache und mit Kommunikation, in der neue Bedeutungen entstehen und geteilt werden, werden neue Wirklichkeiten geschaffen. Neuheit bahnt sich an, sobald Vernetzungen zwischen unterschiedlichen Bedeutungsfeldern hergestellt werden. So kommt es im Zuge der technischen Entwicklung zur begrifflichen Mischung von KUTSCHIEREN (Antrieb Pferd) und FORTBEWEGUNG

(Antrieb Motor), wobei es kein Zufall ist, dass die ersten Automobile Kutschen ähnelten. Der Bedeutungsüberschuss ist auch deshalb so groß, weil es zu jeder Kausalannahme eine unendliche Menge kontrafaktischer Vorstellungen gibt, in denen diese Annahme nicht zulässig ist (vgl. Herrmann-Pillath 2008).

Beispiel

Zeitpunkt X: Telefonieren mit dem Mobiltelefon im Flugzeug ist eine kontrafaktische Vorstellung. Aber als Möglichkeit ist das Telefonieren mit Mobiltelefon im Flugzeug wünschenswert.

Zeitpunkt X + 1: Jetzt gibt es zunehmend Internet-Verbindungen für Flugzeuge. Das erlaubt die Nutzung von Internet-Telefonie. Sind individuelle Endgeräte mit dem Internetanschluss des Flugzeugs zu verbinden, dann wird das Laptop zum Telefon „über den Wolken".

Zeitpunkt X + 2: Mobiltelefone haben jetzt Internet-Konnektierbarkeit. D. h. die Grenze zwischen Telefonie und Computing verschwimmt. Eine einst kontrafaktische Welt drängt in die Aktualisierung (vgl. Herrmann-Pillath 2008).

3.5 Negation

Negationen sind sehr ambivalente sprachliche Mittel. Man kann mit ihnen Denk- und Begriffssysteme festigen, indem man vorhandene Unterscheidungen über Kontrastbeziehungen festigt. Andererseits kann man mit ihnen auch vorhandene Denk- und Begriffssysteme destabilisieren, weil man mittels Negation den Geltungsanspruch relativ leicht experimentell infrage stellen kann. Daneben helfen Negationen, vorhandene Grenzen infrage zu stellen. Wer Grenzen thematisieren kann, hat sich im Prinzip schon von ihnen befreit, weil er Hypothesen darüber anstellen kann, wie sie entstanden sind, welchen Zwecken sie dienen und was dahinter steht. Erkannte Grenzen sind nicht mehr absolute Grenzen, sondern sie werden als pragmatisch motivierte und kulturell zu rechtfertigende Ordnungsmuster erkannt, mit denen man kreativ umgehen kann. Negationen haben zwei ambivalente Bedeutungseigenschaften, die sie von anderen sprachlichen Kategorien unterscheiden: i) Die verneinten Dinge/Sachverhalte bleiben trotzdem als Vorstellung in der Rede vorhanden: „Denken Sie jetzt nicht an einen roten Elefanten" (Das Gehirn kennt keine Kategorie Negation): Negationen funktionieren wie „hinschreiben und durchstreichen", ii) Die Verneinung der Existenz eines Sachverhalts kann stillschweigend den Eindruck erwecken, als ob die semantisch entgegengesetzten Sachverhalte bejaht werden: „sie dürfen nicht weggehen" ist gleichbedeutend mit „sie müssen dableiben".

Die Quellen für das Innovationspotenzial der Negation:

- Die Negation hat sinnstiftende Kraft („Es ist nicht diese Art von Freiheit, die ich meine"),
- Die Negation ist eine Kategorie des Werdens („So funktioniert das nicht"),
- Die Negation ist eine Kategorie des Spiels („Ich sehe was, was Du nicht siehst"),
- Die Negation hat neurobiologische Implikationen für das Formulieren von Zielen,
- Die Negation prägt Textformen als Quelle des Neuen: Aphorismus, Witz, Fiktion und kontrafaktische Welten („Was wäre wenn …?").

Schließlich kann die Negation im Coaching als Technik eingesetzt werden, um neue innere Bilder von der Zukunft zu finden. Man kann z. B. fragen: „Was muss geschehen, um Innovation zu verhindern?" Auf solche Fragen fallen uns spontan Unmengen von Antworten ein: Fehlerkultur verhindern. Ideen klauen. Mitarbeiter mit neuen Ideen mobben. Die Struktur so lassen, wie sie ist. Verhindern, dass wir unsere eigenen Barrieren im Kopf bemerken. Innovative Mitarbeiter totschweigen mit Killerphrasen wie „Das haben wir noch nie gemacht", „Wo kommen wir hin, wenn wir alles in Frage stellen", „Das ist ein Angriff auf meine Autorität", „Wenn es euch nicht passt, könnt Ihr kündigen" etc. Ferner eignet sich die Negation in Verbindung mit Fragen für ein Reframing der Situation: „Was würde sich ändern, wenn wir uns nicht ändern?", „Was würde sich nicht ändern, wenn wir alles so lassen, wie es ist?"

3.6   Grundannahmen und unbewusste mentale Modelle

Grundannahmen sind tief in uns verwurzelte Überzeugungen (Normalerwartungen) hinsichtlich dessen, was gut, richtig und notwendig ist: „Frauen können nicht Papst werden", „Eine Demokratie braucht Vollzeitpolitiker", „Ein Vorstandsjob erfordert einen Vollzeitjob", „Frauen können sich besser um Kinder und Alte kümmern als Männer", „Alle Menschen sind gleich", „Jeder Mensch hat Fantasie" etc. Solche Grundannahmen und die mit ihnen verbundenen unbewussten mentalen Modelle können Innovation und Veränderung ernsthaft bedrohen. Reagiert man auf eine Kritik von Patienten mit der Metapher (Frame) „Wir sind hier kein Gefängnis", schottet man sich gegen Kritik ab, ist lernunwillig und hat die Vorstellung von einer Klinik, die sich vor allem durch eine Negation des

Konzeptes GEFÄNGNIS definiert, wobei das Konzept GEFÄNGNIS gerade deshalb verhaltenswirksam bleibt, weil das Gehirn keine Negation kennt. Ein Beispiel für Grundannahmen, die die Menschheit in eine Sackgasse geführt haben, ist die Überzeugung, der Mensch stände außerhalb der Natur und könne als Lebensform unabhängig von anderen Lebensformen existieren. Auch die Annahme der Ökologie, zwischen „lokal" und „global" zu unterscheiden, führt nicht weiter, denn es gibt nur eine Erde und alles ist mit allem verbunden. Unbewusste mentale Modelle sind wirksam, wenn wir uns das Auto der Zukunft als Verlängerung des Autos von heute denken, nur mit Elektroantrieb. Dabei sind die Zweifel, ob dieses Paradigma die Lösung darstellt oder die heutigen ökologischen und politischen Probleme vervielfacht, offenkundig.

3.7 Fallbeispiel Produktentwicklung

Am Beispiel der Neuentwicklung des Honda Civic hat Liebert (2003, S. 88–90) gestützt auf die Ausführungen in Nonaka und Takeuchi (1997) gezeigt, wie durch das Zusammenspiel von Perspektivierung, Ambiguierung und Framing durch Metaphern neues Wissen erzeugt wurde. Die Unternehmensführung von Honda wollte ihren Honda Civic neu gestalten und stieß diesen Prozess an mit dem Motto „Let's Gamble!" Damit war nicht nur die Frage „Welchen neuen PKW-Typ wollen wir herstellen?" gestellt, sondern die Risikometapher machte deutlich, dass man eine besonders gewagte Antwort erwartete. Die Frage kann also umformuliert werden: „Welchen PKW-Typ können wir herstellen, wenn wir etwas ganz Neues wagen?" In der zweiten Phase des Projektes prägte der Projektleiter Hiro Watanabe eine Sinnformel als Umriss der Zielvorstellung: „Autoevolution". Hier kommt sprachliche Ambiguität ins Spiel, denn der Bedeutungsüberschuss von „Autoevolution" schaffte einen Raum möglicher Interpretationen, der zur Gewinnung neuen Wissens genutzt wurde. Die metaphorische Übertragung der Evolutionsvorstellung von Lebewesen auf Technik führte zu dem Verständnis, „dass sich das Auto mit der Evolution des Menschen mitentwickelt und sich so dem Menschen anpasst und nicht umgekehrt" (Liebert 2003, S. 89). Durch Transformation der Metapher und Einschränkung alternativer Deutungen konnte eine relativ klare Handlungsanweisung gewonnen werden, die das Motto für die nächsten Autogenerationen sein sollte: „man maximum, machine minimum", d. h. der Mensch mit seinen Bedürfnissen sollte im Vordergrund stehen. Aus dieser Idee wurde dann der „Tall Boy" entwickelt, „ein hoher Kleinwagen in relativ rundlicher

Form, die den Sitzbedürfnissen der Insassen angepasst war und der mit den damaligen Autodesignkonventionen brach. Das neue Modell wurde Honda Civic genannt und ist nach Nonaka und Takeuchi (1997) Teil der Erfolgsgeschichte des Konzerns" (Liebert 2003, S. 89).

Ermittlung und Vermittlung von Neuem 4

4.1 Partygespräch als Modell für Innovationskonversation

Lester und Piore (2004) haben gezeigt, dass das analytische Problemlöseverfahren im Falle des Innovierens nicht funktionieren kann, weil es beim Innovieren nicht die e i n e vorab bestimmbare Problemlösung gibt. Entscheidend ist, dass wir es beim Innovieren und Verändern mit offenen Problemen zu tun haben, bei denen die Lösung nicht vorhersehbar ist. Deshalb ist der kommunikative Austausch von Wissen und Perspektiven vor dem Hintergrund unterschiedlicher Verstehenskontexte wichtig ist. Nicht das analytische Problemlösungsverfahren führt zu erfolgreichen Innovationen, sondern das interpretative Verfahren. Dieses Verfahren wird analog zu einem Partygespräch bzw. zur Konversation modelliert.

Stufe 1:   Wähle die Gäste aus.
Stufe 2:   Initiiere die Konversation.
Stufe 3:   Halte die Konversation am Laufen.
Stufe 4:   Halte die Konversation mit neuen Ideen am Leben.

Dieses Partygespräch-Modell ist wesentlich besser geeignet, um neues Wissen hervorzubringen, weil Konversationen durch sprachliche Vagheit (Ambiguität) angetrieben werden. Lester und Piore (2004, S. 83 f.) schildern folgendes Beispiel: Es ging um einen Mini-Van und um ein geschicktes Team von Entwicklern, das sich nicht mit dem Ergebnis von Marktforschern abfinden wollte, die zu der angeblich sicheren Erkenntnis gekommen waren, dass eine vierte Tür für einen Mini-Van keinen Sinn mache. Die Entwickler, zu denen auch Menschen gehörten,

© Springer Fachmedien Wiesbaden GmbH, ein Teil von Springer Nature 2018
H. Ebert und E. Münch, *Sprache als Instrument der
Change- und Innovationskommunikation*, essentials,
https://doi.org/10.1007/978-3-658-22569-8_4

die das typische Leben eines Mini-Van-Nutzers lebten wie z. B. Mütter, die ihre Söhne zum Fußball fuhren, sagten sinngemäß zu den potenziellen Kunden: „Ihr wisst nicht, was der Mini-Van für Eigenschaften haben muss. Deshalb erzählt uns, was Ihr mit dem Fahrzeug anfangen wollt, wie ihr es verwenden wollt, und wir erzählen euch, was Ihr braucht." Ihre Zuversicht verdankten sie einem tieferen Verstehen der Hintergründe, Anforderungen und Interessen der Kunden. Und die Zuversicht stammte aus ihrer eigenen Unzufriedenheit mit der gegenwärtigen Konfiguration der Mini-Van-Türen, bei der keine Schiebetür auf der Fahrerseite vorgesehen war, sodass alle Insassen auf einmal zu dieser Seite hätten aussteigen können: „It was the rich contextual understanding that led the designers to interpret what the customers were saying as a need (of which the customers themselves were unaware) for the fourth door" (Lester und Piore 2004, S. 83 f.).

4.2   Presencing als Technik für das Führen von Innovations- und Veränderungsprozessen

Das Sender-Empfänger-Modell der Kommunikation ist aus vielen Gründen ungeeignet zur Beschreibung der menschlichen Kommunikation. Kommunikation funktioniert nicht nach dem Modell des Ausdrucks oder der Expression von Sinn. Kommunikation funktioniert nach dem Modell des Eindrucks, da es darum geht, im Kopf des Hörers bestimmte Eindrücke (Vorstellungen) zu erzeugen. Es geht bei der menschlichen Kommunikation auch nicht darum, dass eine Botschaft „übertragen" würde. Denn das würde ja bedeuten, dass Missverständnisse ausgeschlossen seien. In Wirklichkeit dienen die Zeichen (Wörter, Sätze, Texte) als Anweisungen an den Hörer, mithilfe seines (Vor-)Wissen, seiner Erfahrungen und Emotionen Schlussfolgerungen zu ziehen, die in Vorstellungen münden, die im Idealfall denen des Sprechers sehr nahe kommen. Ein gemeinsamer Zeichenvorrat steht also nicht am Anfang der Kommunikation, sondern entsteht erst in dem Maße, in dem die Verständigung glückt. Kommunikation zerfällt auch nicht in die Summe von Individualhandlungen, sondern ist eine Gemeinschaftshandlung von Sprechern, die äußere (Sprach-)handlungen vollziehen, und Hörern, die innere Handlungen des Verstehens durch Schlussfolgerungen und Kontextbildungsprozesse vollziehen.

In (Gruppen-)Gesprächen, in denen es um anspruchsvolle Ziele wie das Entwickeln neuer Ideen oder die Gestaltung von Changeprozessen geht, muss ein großer Teil der Kommunikation dazu verwendet werden, die Verstehensvoraussetzungen zu schaffen. Hierbei geht es z. B. um die Integration von Erfahrungen, um das Schaffen eines gemeinsamen „common grounds" (Hintergrundwissen), um die Erzielung eines Konsens über angemessene Wirklichkeitsdeutungen oder um metasprachliche Akte des Definierens von Begriffen oder Paraphrasierens von Aussagen zum Zweck der Verstehenskontrolle. Vor allem aber geht es im Sinne des organisationalen Veränderungslernens nach Scharmer (2009, S. 71–78) darum, dass eine Gruppe zu sich selbst findet, eine eigene Sprache entwickelt und als Gruppe zu denken und zu kommunizieren beginnt und nicht als Summe von Individuen. Die zentrale Frage lautet: Im Allgemeinen lernen wir von den Erfahrungen aus der Vergangenheit (Handlung – Beobachtung – Reflexion – Plan – Handlung). „Wie aber lässt sich von einer im Entstehen begriffenen Zukunft lernen" (Scharmer 2009, S. 82).

Die erste Herausforderung liegt darin, „die Perspektive und Ideen der wichtigsten Stakeholder (wie beispielsweise wichtiger Kooperations- und Geschäftspartner) zu verstehen" (Scharmer 2009, S. 290). Hierzu dienen Dialoginterviews, die es erlauben „diese Ideen zutage zu fördern und gleichzeitig die Stakeholder miteinander und mit sich selbst zu verbinden" (ebda). Während Scharmer die Bewertung der Dialoginterviews durch die Gruppenmitglieder in die sog. Jam-Session verlagert (ebda, S. 291), arbeiten Ebert und Münch (2012) im Rahmen des von ihnen entwickelten Change-Monitorings mit einem Phasenmodell des Gruppencoachings, in dem zwischen den Arbeitsphasen die Dialoginterviews oder Fokusgruppendiskussionen mithilfe qualitativer und Software-gestützter Verfahren ausgewertet werden (vgl. Konerding und Ebert 2009). Die Visualisierung der Ergebnisse in Form von Meinungslandschaften fließt dann als Input in die nächste Gruppenbesprechung ein.

Vier Lernbarrieren

Nach Scharmer verhindern vier Barrieren das organisationale Lernen: „1. Nicht erkennen, was man sieht (Abspulen alter Denkschablonen). 2. Nicht sagen, was man denkt (Abspulen der alten Sprechschablonen). 3. Nicht tun, was man sagt (Abspulen der alten Handlungsgewohnheiten). 4. Nicht sehen, was man tut (Abspulen der alten Sehgewohnheiten)" (Scharmer 2009, S. 135).

Der blinde Fleck und das Veränderungslernen

Führungspersonen schaffen Neues und bringen es in die Welt. Wir können sehen, was sie schaffen und wie sie dabei vorgehen. Was wir nicht sehen können, ist der „innere Ort, die Quelle, aus der heraus sie handeln" (Scharmer 2009, S. 49). Für organisationales Lernen besteht der blinde Fleck in alten, gewohnheitsmäßigen Formen des Reagierens. Wir müssen lernen, alte Urteils- und Denkgewohnheiten zurückzuhalten und wieder staunen lernen (vgl. ebda, S. 142). Nach Scharmer führen drei Stufen zum Veränderungslernen:

Bewusstsein und Achtsamkeit

Um den blinden Fleck zu überwinden, muss ein spezifischer Kontext mit neuen Augen betrachtet werden. Das setzt voraus, das wir unsere Aufmerksamkeit bewusst umlenken und öffnen müssen, „um Anschluss an die Zukunft zu finden, die entstehen will" (Scharmer 2009, S. 82). Zur Aufmerksamkeit gehört auch die Achtsamkeit gegenüber dem, was uns aus unserem Lebensumfeld entgegenkommt (vgl. ebda, S. 386).

Eine neue Sprachform entwickeln

Die Überwindung alter Denkgewohnheiten setzt voraus, dass wir aus der Sprache heraustreten können, denn soweit wir die Sprache als „System" sprechend aktualisieren, betrachten wir die Welt um uns herum stets mit den Augen von gestern. Denn die stabilen Lexikonbedeutungen sind das Ergebnis vergangener Beobachtungen. Diese helfen uns nicht dabei, das Neue zu erkennen (vgl. Ebert und Münch 2017). Eine neue Sprachform hilft auch dabei, tiefsinniger und verständlicher zu kommunizieren, um den sprachlichen Stereotypen zu entkommen. Für Scharmer (2009) sind dies Formate wie das Dialoginterview und Formate des Presencing.

Prinzipien und Praktiken des Presencing

Wirkliche Veränderungsprozesse verschieben den inneren Ort, aus dem heraus ein System handelt. Diese Verschiebung ist ein sozialer Prozess, der soziale Techniken benötigt, die bestimmten Prinzipien und Praktiken genügen müssen, um Veränderungsprozesse wirksam werden zu lassen (vgl. Scharmer 2009, S. 384): gemeinsame Intentionsbildung, gemeinsame Wahrnehmung, gemeinsame Willensbildung sowie gemeinsames Erproben von Prototypen und gemeinsames Gestalten.

Kommunikation als Integration von Denken, Handeln, Zuhören und Konversation

Scharmer geht von einem weiten Kommunikationsbegriff aus, der sowohl systemisch ist als auch Denken und Handeln integriert. Entscheidend ist zunächst, dass das Handeln bedacht erfolgen muss und nicht im automatischen „Download"-Modus erfolgen darf. Achtsamkeit und eine innere Veränderung der Aufmerksamkeit sind Vorbedingung für denkendes Handeln (vgl. Scharmer 2009, S. 264). Zweitens müssen wir der Gefahr widerstehen, bei großem Druck der externen Herausforderung, uns in den „Raum" der Abwesenheit und Selbstillusionierung zu flüchten. Drittens müssen wir allen Objekten und Sachverhalten so begegnen, „als ob wir es mit empfindungsfähigen Wesen zu tun hätten, mit denen wir uns unmittelbar verbinden können" (Scharmer 2009, S. 265). Man kann diese Analogie so deuten, dass wir aufhören müssen, Kategorien von Faktoren in einem statischen Zustand zu betrachten. Wir müssen die Dinge um uns herum systemisch-prozesshaft betrachten und das Gewordene und Werdende als Ergebnis von Prozessen verstehen, die in verschiedenen Richtungen an unterschiedlichen Stellen der Entwicklung am Werke sind, obwohl auch invariante Prozesse berücksichtigt werden müssen (vgl. Tomasello 2006, S. 69). Für die Innovations- und Veränderungskommunikation ist entscheidend, dass Gruppen in Kontakt mit sich selbst kommen und als Gruppe lernen, Intentionen zu bilden. Der erste Schritt besteht darin, dass die Gruppe zu einer gemeinsamen Intentionsbildung gelangt (s. o.). Nach Scharmer geschieht dies wie folgt: „Indem wir hinhören. Indem wir anderen wichtigen Akteuren im Feld zuhören (den anderen zuhören), indem wir hinhören, wozu das Leben uns ruft (sich selbst zuhören), und indem wir auf das hören, was wir zwischen uns und anderen an entstehenden Zukunftsimpulsen erleben (dem Gemeinsamen hinhören)" (Scharmer 2009, S. 385).

Vier Formen der Konversation: Download, Debatte, Dialog, Presencing
Bei der Frage, welche Form der Konversation das Neue hervorbringt, entscheidet sich Scharmer für den reflektiven Dialog und den schöpferischen Dialog im Sinne des Presencing (s. Abb. 4.1). Download-Konversation und Debattenmodus sind starr („Download") bzw. antagonistisch („Debatte") und deshalb nicht geeignet für Veränderungslernen in Gruppen:

Absencing und Presencing
Wenn die Herausforderungen übermächtig werden, neigen Menschen dazu, aus dem Felde zu gehen. Scharmer (2009, S. 271) spricht vom „Antiraum des Abwesendwerdens", in dem das folgende innere und äußere dysfunktionale Verhalten Raum gewinnt: die Gruppe erstarrt in einer Wahrheit, in einem Wir und in einem Ego. Die Gruppenmitglieder hören auf zu sehen, sie graben sich ein (Wagenburgmentalität), hören auf zu fühlen und halten stur an ihren subjektiven Wahrheiten fest. Sie beginnen sogar, Fakten und Andersdenkende zu manipulieren, umgeben sich mit Illusionen, brechen die Verbindung mit der Wirklichkeit ab und zerstören die Wahrheit, das Wir und das Selbst.

Umgekehrt kommt es beim Presencing („anwesend werden"; Scharmer 2009, S. 284) durch erweiterte Wahrnehmung, durch das Innehalten und das Umwenden des Sehens und Loslassen von alten Gewohnheiten zum Kristallisieren, Hervorbringen und Verkörpern von innovativen Gedanken. Willen, Fühlen und Denken öffnen sich. Beim Anwesendwerden der Gruppe spielen reflektiver und strategischer Dialog eine große Rolle ebenso wie die Methode des Dialoginterviews zur Erkundung der gemeinsamen Standpunkte (Monitoring): Das Werdende ist die

Werdendes: entstehende Zukunft		
Presencing gemeinsame Kreativität Stille der andere = authentisches Selbst sich als Teil des werdenden Ganzen sehen	**Dialog** Erkunden, Reflexion Ich kann meine Sichtweise ändern der andere = Du sich selbst als Teil des jetzigen Ganzen sehen können	
Downloading Höflichkeitsfloskeln höflich, vorsichtig nicht sagen, was ich denke sich an Regeln und Normen halten	**Debatte** Talking tough: Konfrontation Ich bin mein Standpunkt sagen, was ich denke der andere = Widerpart	
Gewordenes: Vergangenheit		

Primat des Ganzen   Primat der Teile

Abb. 4.1 Vier Felder der Konversation. (Scharmer 2009, S. 276)

entstehende Zukunft: generatives Fließen, gemeinsame Kreativität, stilles authentisches Selbst. Im Raum des Presencings bzw. Anwesendwerden können wir uns selbst (als Gruppe) als Teil des werdenden Ganzen sehen. Dieser Zustand der emotionellen Bindung erzeugt Motivation und garantiert den Erflog des kollektiven Veränderungslernens.

4.3   Ideen erklären

Wenn Entwickler und Forscher Kollegen, Vorgesetzten und Kunden ihre innovativen Problemlösungen präsentieren, kommt es oft zu Missverständnissen. Es zeigt sich, dass nicht selten die Idee hinter der Entwicklung im eigenen Unternehmen nicht oder nicht richtig verstanden worden ist. Je weiter eine Idee vom Erfahrungshintergrund der Kollegen und Vorgesetzten entfernt ist, desto größer ist der Widerstand gegen diese Idee. Wir orientieren uns im Folgenden an den Ausführungen von Kerka und Draganinska-Yordanova (2009):

Typische Bedenken gegenüber innovativen Ideen
- Das Produkt wird technisch nicht funktionieren (76 %)
- Damit haben wir keine Erfahrung (60 %)
- Das Vorhaben ist nicht finanzierbar (48 %)
- Wir werden doch nur imitiert (44 %)
- Um die Idee zu realisieren, fehlt uns das Know-how! (43 %)
- Wir haben dafür keine Leute (41 %)
- Zu hoher organisatorischer Aufwand (37 %)
- Kannibalisierung eigener Produkte (36 %)
- Wir brauchen nichts Neues (35 %)
- Dafür gibt es keinen Markt (33 %)

Gründe für das Nichtverstehen des Neuen
- Die Impulsgeber vernachlässigen die begrenzte Aufnahmekapazität und Aufnahmebereitschaft der Gesprächspartner
- Die Euphorie der Impulsgeber bewirkt, ohne dass es den Impulsgebern bewusst ist, Widerstand.

Handlungsempfehlungen
- Vermitteln Sie Ihre Idee möglichst verständlich.
- Vermeiden Sie unnötige Missverständnisse.
- Provozieren Sie keine zusätzlichen Widerstände.
- Versetzen Sie sich in die Lage derer, die Ihre Idee beurteilen.

Anforderungen an das Verständlichmachen von Ideen

- Lösungen für altbekannte Probleme gehen im Alltagsgeschäft leicht unter. Besser ist es, wenn Sie auf bisher vernachlässigte oder nicht wahrgenommene Kundenprobleme hinweisen.
- Verwechseln Sie nicht den Innovationsimpuls, d. h. Ihr Suchfeld für Innovationen, mit der eigentlichen konkret bewertbaren Innovationsidee.
- Bedenken Sie und entscheiden Sie strategisch: ein vergleichsweise sehr großer Aufwand für die Aktivierung von Kreativitätspotenzialen geht einher mit einer oft unzureichenden anschließenden Bewertung und Auswahl von Verbesserungsvorschlägen und innovativen Ideen.
- Vielfach wird nicht daran gedacht, dass Gutachter über innovative Ideen Instrumente benötigen, die sie bei der stufenweisen Bewertung, Weiterentwicklung und Auswahl von Ideen unterstützen.
- Vernachlässigt wird oft, dass Gutachter zu allererst ausreichende Informationen über die Idee benötigen, die bewertet und über die entschieden werden muss.
- Ein Großteil der Ideen wird über IT-Plattformen eingereicht. Hier wiederholen sich dann die alten Probleme des Betrieblichen Vorschlagwesens: unverständliche Ideen und mangelnde Kontextinformation.
- Beschreiben Sie Ihre Ideen im Frühstadium weder zu pauschal noch zu detailliert.

Wie erklärt man das Neue?

- Perspektivenwechsel: Wie viel muss man von einer Idee verstehen, um überprüfen zu können, ob ein mögliches Engagement zur Gesamtstrategie des Unternehmens passt?
- Welche Informationen benötigt man, um nach der groben Vorselektion ein Gespür dafür zu entwickeln, ob die Idee aus Kundensicht überzeugen kann und ob der Aufwand in einem angemessenen Verhältnis zum Erfolgspotenzial steht?
- Wie sollte man sich und seine Idee präsentieren, um von potenziellen Anwendern auf einem undurchschaubaren Markt technischer Neuerungen als Problemlöser entdeckt zu werden?

Das Verständlichmachen einer Idee kann nicht auf das einmalige Ausfeilen der Idee reduziert werden. Die Beschreibungsanforderungen variieren i) mit den Phasen: vager Impuls (Frühphase), die Idee selbst, das konkretisierte Innovationskonzept, Projektumsetzungsplan, Business Cases und Businessplan, ii) mit den Adressaten, die man im jeweiligen Stadium überzeugen muss (Kollegen, Vorgesetzte, Geldgeber, Anwender etc.) iii) und mit dem Weg, den man hierzu wählt (schriftliche Kurzbeschreibung für ein Teammeeting, Powerpoint-Entscheidungsvorlage für den Vorstand, persönliches Gespräch vor potenziellen Anwendern etc.)

Phasenspezifische Standards

Phase I

Erstes Sichten und Sieben. Es genügt, die Ideen aussagekräftig mit wenigen Worten zu beschreiben. Ziel ist die Überprüfung, ob die Idee den definierten Mindestanforderungen für das Weiterverfolgen von Ideen genügt. Kerka und Draganinska-Yordanova (2009) nennen „drei Kernelemente der Beschreibung von Innovationsideen:

1. **Status quo**
   Wie sieht es heute aus? Welche Technologien werden derzeit im betrachteten Anwendungsfeld zur Erfüllung welcher Funktionen eingesetzt? Was ist das bisher nicht oder nur unzureichend gelöste Problem? Wie bedeutsam ist dieses Problem insbesondere aus Sicht der Anwender und Kunden? ...

2. **Mögliche Zukunft**
   Wie könnte es künftig aussehen? Was ist Ihr Vorschlag zur Verbesserung der aktuellen Situation? Mit welcher Technologie könnte das Problem ggf. besser gelöst werden? Wie bedeutsam wird das Problem in der Zukunft sein? ...

3. **Weg dorthin**
   Was sind aus Ihrer Sicht die wichtigsten Schritte und Meilensteine auf dem Weg zur Innovation? Worauf sollte bei der Ausarbeitung, Überprüfung und Umsetzung der Idee besonders geachtet werden? Was sollte aus Ihrer Sicht auf jeden Fall vermieden werden" (2009, S. 10).

Diese drei Kernelemente können um weitere Fragen ergänzt werden, z. B. was aus Sicht der Innovatoren die wichtigsten Vorteile für den Anwender sein könnten und wie die Konkurrenz dazu steht

Man sollte jedoch gerade in den frühen Phasen die Beschreibung nicht mit der Bewertung von Ideen „überfrachten" oder von Mitarbeitern zum Zeitpunkt der Ideeneinreichung sogar bereits verlangen, dass sie die Wirtschaftlichkeitsrechnung für die Umsetzung ihrer Ideen mitliefern. Je höher der Neuigkeitsgrad einer Idee, desto absurder ist dieser Umgang mit innovativen Ideen (Kerka und Draganinska-Yordanova 2009, S. 10).

Es kommt darauf an, sich mit der Ausgangssituation seiner Kunden auseinander-zusetzen – mit ganz praktischen Problemen, die für die Anwender aktuell bedeut-sam sind oder künftig sein werden. Wenn es nicht gelingt, ein bisher nicht oder nur unzureichend gelöstes Praxisproblem seiner Kunden prägnant in Worte zu fassen, laufen Sie Gefahr, an den Wünschen und Bedürfnissen der Kunden vorbeizureden.

Phase II
Erst im Kontext der Investitionsentscheidung wird die sprachliche Weiterentwicklung der Idee erforderlich, um sie anschlussfähig zu machen an die Informations- und Kommunikationsbedürfnisse der jeweiligen Entscheider.

Was Sie aus diesem *essential* mitnehmen können

- Impulse für eine reibungsfreie Kommunikation des Wandels
- Impulse für mehr Kreativität und System bei der Ideenentwicklung
- Ideenbeschreibungen, die verstanden werden
- Know-how für Veränderungslernen
- Effizienz bei der Lösung komplexer Probleme

© Springer Fachmedien Wiesbaden GmbH, ein Teil von Springer Nature 2018
H. Ebert und E. Münch, *Sprache als Instrument der
Change- und Innovationskommunikation*, essentials,
https://doi.org/10.1007/978-3-658-22569-8

Literatur

Auert, A., & Röpnack, R. (2009). Kommunikation durch Führungskräfte in Veränderungsprozessen. Ein lange unterschätzter Erfolgsfaktor für Veränderungsprozesse auf dem Vormarsch. In G. Bentele, M. Piwinger, & G. Schönborn (Hrsg.), *Kommunikationsmanagement* (Loseblatt-Sgl. 2001 ff., Art.-Nr. 3.63). Neuwied: Luchterhand.

Böhle, F., Bürgermeister, M., & Porschen, S. (Hrsg.). (2012). *Innovation durch Management des Informellen. Künstlerisch, erfahrungsgeleitet, spielerisch.* Wiesbaden: Springer Gabler.

Breithaupt, F. (2009). *Kulturen der Empathie.* Frankfurt a. M.: Suhrkamp.

Doppler, K., & Lauterburg, C. (2008). *Change Management. Den Unternehmenswandel gestalten.* Frankfurt a. M.: Campus.

Eberl, U. (2009). Integrierte Innovationskommunikation. Erfolgsrezept der Siemens AG. In A. Zerfass & K. M. Möslein (Hrsg.), *Kommunikation als Erfolgsfaktor im Innovationsmanagement. Strategien im Zeitalter der Open Innovation* (S. 321–331). Wiesbaden: Gabler.

Ebert, H. (2017). Die Rolle der Sprache in der Innovations- und Change-Kommunikation. In A. Schach & C. Christoph (Hrsg.), *Handbuch Sprache in den Public Relations* (S. 241–256). Wiesbaden: SpringerVS.

Ebert, H., & Münch, E. (2012). Emotionen und Selbstfindung. Überlegungen am Beispiel von Neujahrsreden niederrheinischer BürgermeisterInnen. In I. Pohl & H. Ehrhardt (Hrsg.), *Sprache und Emotion in öffentlicher Kommunikation* (S. 211–226). Frankfurt a. M.: Lang.

Ebert, H., & Münch, E. (2017). Sprache als kognitives und emotives Instrument in der Innovations- und Changekommunikation. In G. Bentele, M. Piwinger, & G. Schönborn (Hrsg.), *Kommunikations-management* (Loseblatt-Sgl. 2001 ff., Art.-Nr. 8.92). Neuwied: Luchterhand.

Herrmann-Pillath, C. (2008). Neuheit, Sprache und Wirtschaft: Plädoyer für einen 'linguistic turn' in den Wirtschaftswissenschaften. In A. Ebner, K. Heine, & J. Schnellenbach (Hrsg.), *Innovation zwischen Markt und Staat. Die institutionelle Dynamik des wirtschaftlichen Wandels* (S. 67–88). Baden-Baden: Nomos.

Ismail, S., Malone, M.S., & Geest, Y. v. (2017). *Exponentielle Organisation: Das Konstruktionsprinzip für die Transformation von Unternehmen im Industriezeitalter.* Stuttgart: Vahlen.

© Springer Fachmedien Wiesbaden GmbH, ein Teil von Springer Nature 2018 41
H. Ebert und E. Münch, *Sprache als Instrument der Change- und Innovationskommunikation,* essentials,
https://doi.org/10.1007/978-3-658-22569-8

Jacob, K., Konerding, K. P., & Liebert, A. (Hrsg.). (2019). *Sprache und Empathie. Linguistische und interdisziplinäre Zugänge*. Berlin: De Gruyter.

Kabalak, A., Priddat, B., & Smirnova, E. (Hrsg.). (2008). *Ökonomie, Sprache, Kommunikation* (S. 21–52), Marburg: Metropolis.

Kastens, E. (2015). Wettbewerb um Bedeutungen. In M. Hundt & D. Biadala (Hrsg.), *Handbuch Sprache in der Wirtschaft* (S. 233–255). Berlin: De Gruyter.

Kerka, F., & Draganinska-Yordanova, T. (2009). *Innovationshürde „Nicht-Verstehen von Ideen". Wenn Gutachter „Schlechtachten" erstellen und Anwender die Potenziale neuer Technologien nicht erkennen*. Schriften IAI Nr. 235. Bochum.

Kerka, F., & Kriegesmann, B. (2008). *Ideen mit System. Wie Sie die Geschäftsfelder von morgen entdecken*. Schriften IAI Nr. 231. Bochum.

Kiefer, T., Müller, W., & Eicken, S. (2001). *Befindlichkeit in der Chemischen Industrie*. Basel: WWZ-Studie Nr. 59.

Köller, W. (2004). *Perspektivität und Sprache. Zur Struktur von Objektivierungsformen in Bildern, im Denken und in der Sprache*. Berlin: De Gruyter.

Köller, W. (2016). *Formen und Funktionen der Negation*. Berlin: De Gruyter.

Konerding, K. P., & Ebert H. (2009). Organizational change: Creation of consensus and prevention of conflict through guided communication and participation. In: S. Habscheid & C. Knobloch (Hrsg.), *Einigkeitsdiskurse. Zur Inszenierung von Konsens in organisationaler und öffentlicher Kommunikation* (S. 225–240). Wiesbaden: VS Research.

Landes, M., & Steiner, E. (2014). *Psychologische Auswirkungen von Change Prozessen. Widerstände, Emotionen, Veränderungsbereitschaft und Implikationen für Führungskräfte*. Wiesbaden: Springer VS.

Lester, R., & Piore, M. J. (2004). *Innovation. The missing dimension*. Cambridge: Harvard University Press.

Liebert, W.-A. (2003). Wissenskonstruktion als poetisches Verfahren. Wie Organisationen mit Metaphern Produkte und Identitäten erfinden. In: S. Geideck & W.-A. Liebert (Hrsg.), *Sinnformeln* (S. 83–101). Berlin: De Gruyter.

Mast, C. (2009). Mitarbeiterkommunikation, Change und Innovationskultur – Balance von Informationen und Emotionen. In A. Zerfass & K. M. Möslein (Hrsg.), *Kommunikation als Erfolgsfaktor im Innovationsmanagement. Strategien im Zeitalter der Open Innovation* (S. 271–288). Wiesbaden: Gabler.

Mast, C. (2016). *Unternehmenskommunikation* (6., überarbeitete u. erweiterte Aufl.). Konstanz: UVK & Lucius.

Matějková, P. (2009). Kann sich Linguistik an der Vertrauensforschung beteiligen? Überlegungen zu einem neuen Gebiet der sprachwissenschaftlichen Forschung. *Brünner Beiträge zur Germanistik und Nordistik, 14*(1–2), 45–63.

Münch, E. (2012). *Wissen und raumbezogene Identitäten*. Stuttgart: ibidem.

Nonaka, I., & Takeuchi, H. (1997). *Die Organisation des Wissens. Wie japanische Unternehmen eine brachliegende Ressource nutzbar machen*. Frankfurt a. M.: Campus.

O'Connor, J., & Seymour, J. (2010). *Neurolinguistisches Programmieren: Gelungene Kommunikation und persönliche Entfaltung* (20. Aufl.). Kirchzarten: vakverlag.

Padberg, E. (2010). *Management by Excellence. Unternehmensressourcen gezielt mobilisieren und nutzen*. Wiesbaden: Gabler.

Patrzek, A. (2015). *Systemisches Fragen. Professionelle Fragetechnik für Führungskräfte, Berater und Coaches*. Wiesbaden: Springer Gabler.

Piwinger, M., & Bierhoff, H. W. (2008). Kommunikation in Veränderungsprozessen. In G. Bentele, M. Piwinger, & G. Schönborn (Hrsg.), *Kommunikationsmanagement* (Loseblatt-Sgl. 2001 ff., Art.-Nr. 8.92). Neuwied: Luchterhand.

Priddat, B. (2008). Güter und Werte sind Interpretation. Sprache und Ökonomie. In: A. Kabalak, B. Priddat, & E. Smirnova (Hrsg.), *Ökonomie, Sprache Kommunikation: Bd. 32. Institutionelle und Evolutorische Ökonomik* (S. 21–52). Marburg: Metropolis.

Scharmer, O. (2007). *Theorie U. Von der Zukunft her führen. Presencing als soziale Technik.* Heidelberg: Carl Auer.

Termeer, K. (2007). *Vital differences. On public leadership and societal innovation.* Translation of Inaugural Speech. Wageningen: Wageningen University and Research Center (given in Dutch).

Tomasello, M. (2006). *Die kulturelle Entwicklung des menschlichen Denkens.* Frankfurt a. M.: Suhrkamp.

Wagner, E., & Guse, S. (2015). Herausforderungen und Erfolgsfaktoren von Change-Kommunikation. In M. Hundt & D. Biadala (Hrsg.), *Handbuch Sprache in der Wirtschaft* (S. 177–199). Berlin: De Gruyter.